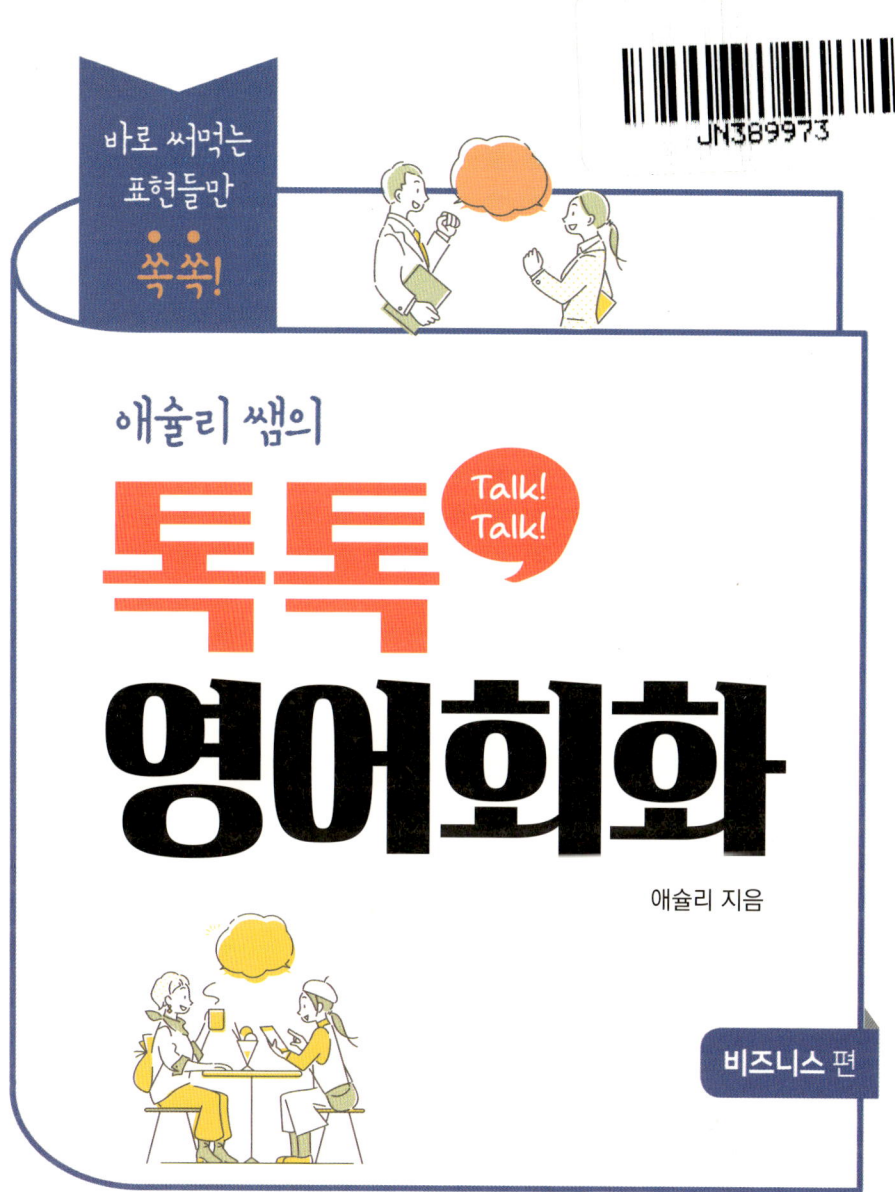

바로 써먹는
표현들만
쏙쏙!

애슐리 쌤의
톡톡 영어회화
Talk! Talk!

애슐리 지음

비즈니스 편

English& 북스

애슐리 쌤의 톡톡 영어회화 비즈니스 편

초판 1쇄 인쇄 2022년 10월 3일
초판 1쇄 발행 2022년 10월 5일

지 은 이 애슐리
펴 낸 이 박성호
펴 낸 곳 잉글리쉬앤 (주)

책 임 편 집 박고우니
영업마케팅 여주형, 김성윤, 방성출, 박훈효, 조민형, 이달님, 강정구
이진희, 김정은, 조병운, 이효령, 변중구, 정노을, 박지섭
조예선, 강동비, 조광민, 최윤정, 송민주, 김정민

주　　소 서울 특별시 관악구 쑥고개로 67-1
대표전화 (02) 878-1945
출판 등록 2002년 3월 3일 제 320-2002-00045호

ISBN 978-89-6715-153-9 13740

저작권자 2022 잉글리쉬앤(주)
이 책은 잉글리쉬앤(주)에 의해 출간되었으므로
저자와 출판사의 서면에 의한 허락 없이 글과 그림의 인용, 복제, 발췌를 금합니다.

* 가격은 뒤표지에 있습니다. 파본은 바꾸어 드립니다.

www.english.co.kr

머리말

안녕하세요, 스피킹 전문 강사 애슐리입니다.

일상 회화에서 비즈니스 회화까지, 영어 말하기는 단순 암기를 통한 실력 향상에 한계가 있다는 점에 착안하여 본 교재를 집필하게 되었습니다.

이 책에서는 크게 10가지 주제로 비즈니스 상황별 대화문 및 필수 활용 패턴을 습득할 수 있도록 구성하였으며, 모범 답안을 달달 외우고 포맷에 맞춰 말하는 앵무새 같은 학습법이 아닌, 자연스럽게 머릿속에서 끄집어내어 이를 실생활에 적용할 수 있도록 기획하였습니다.

이 책이 영어회화, 비즈니스 영어에 입문하는 학습자들에게 훌륭한 파트너가 되길 진심으로 바랍니다.

끝으로, 이 책이 나오기까지 힘써 주신 잉글리쉬앤 관계자 여러분, 책의 집필 방향을 설정하도록 저의 롤 모델이 되어 주신 김희석 님, 감수에 도움을 주신 Adam 부부, 항상 저를 믿고 지지해 주시는 가족 및 지인 여러분께 감사의 말씀을 전합니다.

애슐리

이 책의 구성

❶ 각 챕터의 제목으로, 일상생활 및 비즈니스 상황에서 자주 접하는 카테고리로 구성하였습니다.

❷ 각 챕터별로 구성된 총 5개의 유닛 타이틀로, 챕터의 흐름을 파악할 수 있습니다.

❸ 학습 내용을 소개하는 페이지로, 해당 차시의 내용을 미리 알 수 있습니다.

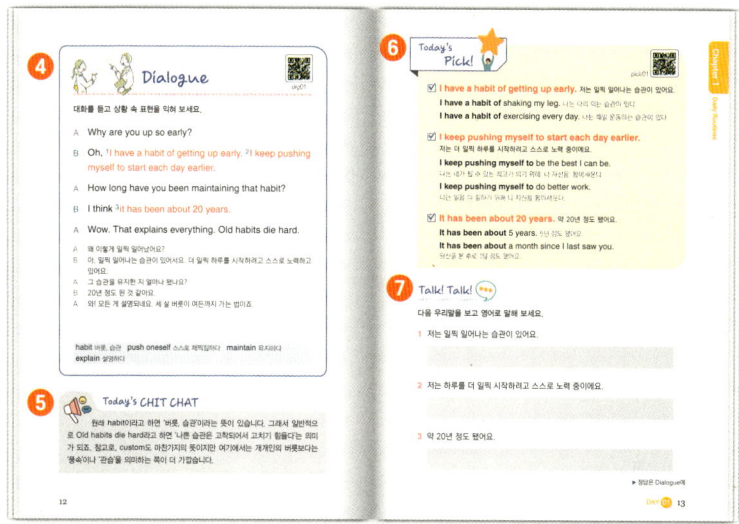

④ 해당 차시와 관련된 대화문으로, 원어민들이 사용하는 표현 위주로 구성되어 상황별 표현을 자연스럽게 익힐 수 있습니다.

⑤ 대화 내용 중, 추가 설명이 필요한 부분을 다룹니다.

⑥ 대화문에서 3개의 표현을 선별하여, 추가 예문과 함께 확장 학습을 합니다.

⑦ 앞서 배운 문장을 토대로, 우리말로 말하는 연습을 합니다.

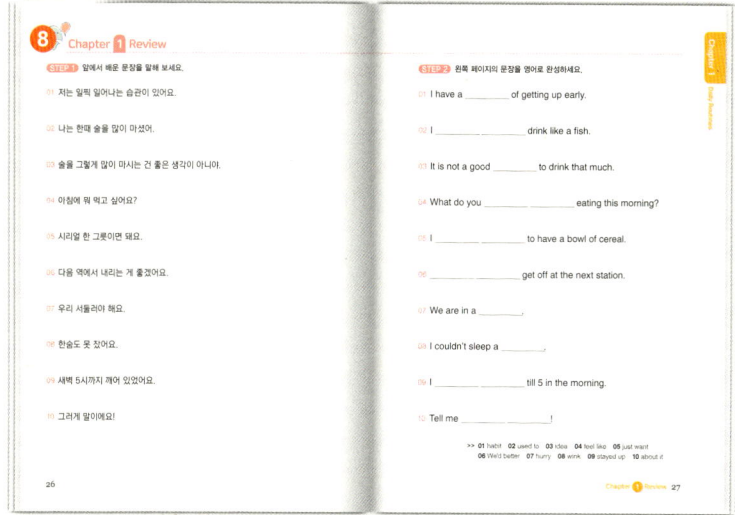

⑧ 챕터별로 배운 내용을 한번 더 복습합니다.

목차

Chapter 1   Daily Routines

Day 01 Old habits die hard.	11
Day 02 I have the worst hangover ever.	14
Day 03 I'll have a decaf Americano and a salad.	17
Day 04 I feel like a sardine.	20
Day 05 I couldn't sleep a wink.	23
Chapter 1 Review	26

Chapter 2   Introducing Myself and My Company

Day 06 I am responsible for new product development.	29
Day 07 I work as an accountant for ABC.	32
Day 08 We are an electronics company based in Seoul.	35
Day 09 Our main products are mobile phones.	38
Day 10 We are in the label business.	41
Chapter 2 Review	44

Chapter 3   Telephone Communication

Day 11 Can you talk right now?	47
Day 12 I'll get him to call you when he gets back.	50
Day 13 Sorry. I can't hear you very well.	53
Day 14 You've got the wrong number.	56
Day 15 Have we covered everything?	59
Chapter 3 Review	62

Chapter 4 Interview

Day 16	What has been your biggest achievement to date?	65
Day 17	I've been successful in sales so far.	68
Day 18	I think I'd be a good fit for the company.	71
Day 19	I got a bachelor's degree in marketing.	74
Day 20	I'm still getting my feet wet.	77
Chapter 4 Review		80

Chapter 5 Complaints

Day 21	There's been a snag with our order.	83
Day 22	My connection has been repeatedly dropping.	86
Day 23	You overcharged me by 300 dollars.	89
Day 24	The line has been busy.	92
Day 25	I was supposed to receive the product today.	95
Chapter 5 Review		98

Chapter 6 Follow-up

Day 26	I'll check with the person in charge.	101
Day 27	I'll connect you to the Billing Department.	104
Day 28	I'll look into the problem right away.	107
Day 29	I do apologize.	110
Day 30	We'll give you a full refund.	113
Chapter 6 Review		116

Chapter 7 — Making Appointments

Day 31 Would it be possible to meet on Friday?	119
Day 32 When would be convenient for you?	122
Day 33 I have another engagement.	125
Day 34 That suits me.	128
Day 35 I'm glad to have this opportunity to meet with you.	131
Chapter 7 Review	134

Chapter 8 — Meeting People

Day 36 How are things?	137
Day 37 I'm pleased to hear that.	140
Day 38 That's incredible!	143
Day 39 That's what I mean.	146
Day 40 What brings you here?	149
Chapter 8 Review	152

Chapter 9 — Socializing

Day 41 This cake is to die for!	155
Day 42 Do you want another drink?	158
Day 43 I'll have to take a rain check on that.	161
Day 44 It costs an arm and a leg.	164
Day 45 How was your flight?	167
Chapter 9 Review	170

 **Presenting in front of People**

Day 46 Let's have a look at this chart. 173
Day 47 This graph shows that we achieved our goal. 176
Day 48 I'd like to emphasize that the number of users is rising. 179
Day 49 Please pay attention to the figures below. 182
Day 50 Let me sum up what I've said so far. 185
Chapter 10 Review 188

Chapter 1

Daily Routines

Day 01 Old habits die hard.
Day 02 I have the worst hangover ever.
Day 03 I'll have a decaf Americano and a salad.
Day 04 I feel like a sardine.
Day 05 I couldn't sleep a wink.

DAY 01 Old habits die hard.
제 버릇 남 못 준다.

직장 생활을 하다 보면 본인만의 루틴이라는 것이 생기기 마련입니다. 업무 준비를 위해 새벽에 기상하는 사람도 있을 것이고, 매일 미라클 모닝을 실천하며 독서를 하거나 명상을 하는 사람들도 있겠죠.

저도 최근에 새벽에 일어나 미라클 모닝을 실천해 봤는데… '세 살 버릇 여든까지 간다'는 속담이 떠오르더군요.
이럴 때 우리는 이런 말을 쓸 수 있어요.

역시, 제 버릇 남 못 준다! "Old habits die hard."

dlg01

대화를 듣고 상황 속 표현을 익혀 보세요.

A Why are you up so early?

B Oh, [1]I have a habit of getting up early. [2]I keep pushing myself to start each day earlier.

A How long have you been maintaining that habit?

B I think [3]it has been about 20 years.

A Wow. That explains everything. Old habits die hard.

A 왜 이렇게 일찍 일어났어요?
B 아, 일찍 일어나는 습관이 있어서요. 더 일찍 하루를 시작하려고 스스로 노력하고 있어요.
A 그 습관을 유지한 지 얼마나 됐나요?
B 20년 정도 된 것 같아요.
A 와! 모든 게 설명되네요. 세 살 버릇이 여든까지 가는 법이죠.

habit 버릇, 습관　**push oneself** 스스로 채찍질하다　**maintain** 유지하다
explain 설명하다

Today's CHIT CHAT

원래 habit이라고 하면 '버릇, 습관'이라는 뜻이 있습니다. 그래서 일반적으로 Old habits die hard라고 하면 '나쁜 습관은 고착되어서 고치기 힘들다'는 의미가 되죠. 참고로, custom도 마찬가지의 뜻이지만 여기에서는 개개인의 버릇보다는 '풍속'이나 '관습'을 의미하는 쪽이 더 가깝습니다.

pick01

- ☑ **I have a habit of getting up early.** 저는 일찍 일어나는 습관이 있어요.

    I have a habit of shaking my leg. 나는 다리 떠는 습관이 있다.
    I have a habit of exercising every day. 나는 매일 운동하는 습관이 있다.

- ☑ **I keep pushing myself to start each day earlier.**
    저는 더 일찍 하루를 시작하려고 스스로 노력 중이에요.

    I keep pushing myself to be the best I can be.
    나는 내가 될 수 있는 최고가 되기 위해 나 자신을 몰아세운다.

    I keep pushing myself to do better work.
    나는 일을 더 잘하기 위해 나 자신을 몰아세운다.

- ☑ **It has been about 20 years.** 약 20년 정도 됐어요.

    It has been about 5 years. 5년 정도 됐어요.
    It has been about a month since I last saw you.
    당신을 본 후로 1달 정도 됐어요.

다음 우리말을 보고 영어로 말해 보세요.

1 저는 일찍 일어나는 습관이 있어요.

2 저는 하루를 더 일찍 시작하려고 스스로 노력 중이에요.

3 약 20년 정도 됐어요.

▶ 정답은 Dialogue에

DAY 02 — I have the worst hangover ever.
숙취가 최악이에요.

직장 생활의 꽃은 회식이라고 말하는 사람들이 있죠.

술을 좋아하지 않는 사람들에게는 견디기 어려운 일이 될지 모르지만 회식은 한국 사회만의 독특한 음주 문화로도 볼 수 있습니다.

외국에도 동료들과 어울려 술을 마시는 문화는 있지만 우리와는 사뭇 분위기가 다르죠.

술자리를 언급할 때 빠질 수 없는 것이 바로 숙취. 그 증상은 사람마다 다를 겁니다. 머리가 깨질 듯 아프거나, 토할 것 같은 느낌이 나거나...

오늘은 음주, 숙취 관련 표현에 대해 배워 보기로 해요!

Dialogue

dlg02

대화를 듣고 상황 속 표현을 익혀 보세요.

A I have the worst hangover ever.
B Oh, no! What are your current symptoms?
A I have a migraine. [1]I feel like I'm about to puke, and…
B And what?
A Sorry about that. I was zoning out. No more hangovers starting tomorrow.
B [2]I used to drink like a fish, but [3]it is not a good idea to drink that much.

A 숙취가 최악이에요.
B 아, 저런! 현재 증상이 어떤데요?
A 편두통이 있어서 토할 것 같아요, 그리고…
B 또 뭐요?
A 미안해요 계속 먼때리고 있겠이요. 내일부터는 더 이상 숙취는 없을 거예요.
B 저도 한때는 술을 많이 마셨지만, 술을 그렇게 많이 마시는 건 좋은 생각이 아닌 것 같아요.

hangover 숙취   symptom 증상, 징후   migraine 편두통   puke 토하다
zone out 의식을 잃다, 멍해지다   used to ~하곤 했다   drink like a fish 술고래이다

Today's CHIT CHAT

여러분은 보통 술을 얼마나 마시나요? 그리고 어떤 숙취 증상을 갖고 있나요? 술을 많이 마실수록 숙취 증상은 더 심하겠죠? '술을 많이 마시다' 즉, 우리말로 '술고래이다'라는 표현은 drink like a fish라고 해요. 물고기처럼 마시다? 참 재미있는 표현이죠?

pick02

☑ **I feel like I'm about to puke.** 나 토할 것 같아.

    I feel like I'm about to throw up. 나 토할 것 같아.
    I feel like I'm about to faint. 나 기절할 것 같아.

☑ **I used to drink like a fish.** 한때는 술을 많이 마셨어.

    I used to live in Paris. 한때 파리에서 살았어.
    I used to smoke a lot. 전에는 담배를 많이 피웠어.

☑ **It is not a good idea to drink that much.**
    술을 그렇게 많이 마시는 건 좋은 생각이 아니야.

    It is not a good idea to eat late at night.
    밤늦게 먹는 것은 좋은 생각이 아니야.
    It is not a good idea to talk about others' mistakes.
    다른 사람의 실수에 관해 얘기하는 것은 좋지 않아.

다음 우리말을 보고 영어로 말해 보세요.

1 나 토할 것 같아.

2 나는 한때 술을 많이 마셨어.

3 술을 그렇게 많이 마시는 건 좋은 생각이 아니야.

▶ 정답은 Dialogue에

DAY 03
I'll have a decaf Americano and a salad.
디카페인 아메리카노랑 샐러드로 주세요.

건강을 유지하는 첫걸음은 아침 식사라는 얘기가 있죠? 여러분은 어때요? 아침 식사를 거르지 않고 하루를 시작하는 편인가요, 아니면 간단하게 커피 한 잔으로 하루를 시작하나요?

주말이 되면 친구나 가족과 함께 집 근처에 있는 분위기 좋은 레스토랑에서 브런치를 먹기도 하겠네요.

이번 장에서는 여러분의 모닝 루틴에 대해 생각해 보고 관련 표현을 배워 볼까요?

Dialogue

dlg03

대화를 듣고 상황 속 표현을 익혀 보세요.

A Honey, [1]what do you feel like eating this morning?

B You know me! [2]I just want to have a bowl of cereal.

A Breakfast is the most important meal of the day.
I can make a quick and easy breakfast today.

B Yeah, then, [3]I'll have a decaf Americano and a salad.

A No worries.

A 여보, 오늘 아침에 뭐 먹고 싶어요?
B 당신도 알잖아요. 나는 시리얼 한 그릇이면 돼요.
A 아침 식사는 하루 중 가장 중요한 끼니예요. 오늘 아침은 빠르고 쉽게 만들 수 있어요.
B 네, 그럼 디카페인 아메리카노랑 샐러드로 할게요.
A 걱정 마요.

bowl 그릇   **decaf** 카페인을 제거한

Today's CHIT CHAT

하루 시간대별 식사를 칭하는 영어 단어는 breakfast, lunch, dinner/supper가 있죠. '아침 식사'는 breakfast, '점심 식사'는 여러분이 잘 알고 있는 lunch가 있어요. 그런데 '저녁 식사'로 알고 있는 dinner/supper는 의미 차이가 있어요. 먼저 dinner는 하루 중 먹는 '가장 주된 식사, 정식, 격식을 차린 식사'를 의미하며, supper는 하루 끼니 중 '마지막에 먹는 식사, 격식 없이 집에서 먹는 식사'로, dinner보다 덜 격식적이고 규모 또한 작아요. 점심으로 하루 중 가장 주된 음식이 제공된다면 이를 dinner라고 할 수도 있어요.

pick03

☑ **What do you feel like eating this morning?**
오늘 아침에 뭐 먹고 싶어요?

What do you feel like having for lunch/dinner?
점심/저녁으로으로 뭐 먹고 싶어요?

What do you feel like doing first? 먼저 뭐 하고 싶어요?

☑ **I just want to have a bowl of cereal.** 시리얼 한 그릇이면 돼요.

I just want to relax at home. 나는 그냥 집에서 쉬고 싶어요.

I just want to get away from my daily routine.
나는 일상에서 벗어나고 싶을 뿐이에요.

☑ **I'll have a decaf Americano and a salad.**
디카페인 아메리카노랑 샐러드로 할게요.

I'll have an iced coffee and a sandwich. 아이스 커피랑 샌드위치로 할게요.

I'll have soup and a salad. 수프랑 샐러드로 할게요.

Chapter 1 Daily Routines

다음 우리말을 보고 영어로 말해 보세요.

1 오늘 아침에 뭐 먹고 싶어요?

2 시리얼 한 그릇이면 돼요.

3 디카페인 아메리카노랑 샐러드로 할게요.

▶ 정답은 Dialogue에

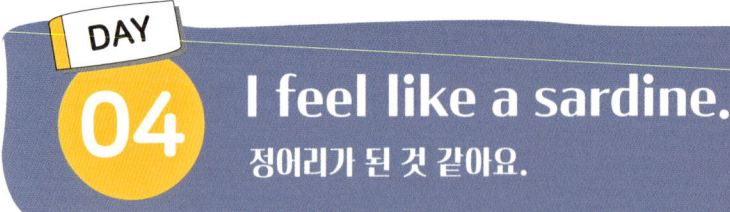

DAY 04
I feel like a sardine.
정어리가 된 것 같아요.

출근길 지하철이나 버스는 어디나 지옥이죠. 특히 외곽 지역에서 도심으로 출퇴근하는 분들이라면 지옥철을 경험하셨을 거예요.

예전에는 출근 시간대에 혼잡한 만원 지하철 안으로 승객들을 밀어 넣는 '푸쉬맨(탑승 도우미)'이라는 아르바이트도 존재했다고 하네요.

우리는 이렇게 출퇴근길 만원 지하철이나 교통체증이 심한 꽉 막힌 도로를 흔히 '콩나물시루 같다'고 표현하죠. 영어로는, 위 사진처럼 '캔 안에 (빽빽이 들어찬) 정어리 같다'는 표현을 씁니다. 캔 안의 내용물인 생선이 공간 없이 꽉 차 있는 것으로 출근길의 혼잡함을 표현했다니, 참 재미있죠?

 ## Dialogue

dlg04

대화를 듣고 상황 속 표현을 익혀 보세요.

A　The subway is always overcrowded! [1]I feel like a sardine in a can.

B　[2]We'd better get off at the next station and catch the next one.

A　No, [3]we are in a hurry. We have a meeting with a client at 9.

B　Okay. I don't want to be late for it.

A　지하철은 항상 사람이 너무 많아요! 깡통 속 정어리가 된 것 같아요.
B　다음 역에서 내려서 다음 걸 타는 게 좋겠어요.
A　아니요, 우리 서둘러야 해요. 9시에 고객 미팅이 있어요.
B　알겠어요. 회의에 늦으면 안 되죠

overcrowded 너무 붐비는, 초만원인　**sardine** 정어리　**in a hurry** 서둘러, 급히

Today's CHIT CHAT

우리가 아침마다 경험하는 '지옥철'은 영어로 jam-packed subway라고 합니다. 그런데 출퇴근 버스나 지하철을 이용할 때, 거의 움직일 수 없을 정도로 꽉 차 있는 상황을 나타내는 재미있는 영어 표현이 있습니다. packed like sardines(또는 packed in like sardines)로, '사람이 빽빽이 들어찬, 미어터지는' 혼잡한 상황을 묘사할 때 사용해요.

pick04

- ☑ **I feel like a sardine.** 정어리가 된 것 같아요.

  I feel like a star in a movie. 영화 속 주인공이 된 것 같아요.

  I feel like a child around my parents. 부모님 곁에서 아이가 된 것 같아요.

- ☑ **We'd better get off at the next station.**

  다음 역에서 내리는 게 좋겠어.

  We'd better take a taxi instead of the bus.
  버스 대신 택시를 타는 게 좋겠어.

  We'd better stop and ask for directions.
  멈춰서 길을 물어보는 게 좋겠어.

- ☑ **We are in a hurry.** 우리 서둘러야 해요.

  We had lunch **in a hurry**. 우리는 서둘러 점심을 먹었어요.

  We are **in a hurry** to catch the train.
  우리는 기차를 타기 위해 서둘러야 해요.

다음 우리말을 보고 영어로 말해 보세요.

1 정어리가 된 것 같아요.

2 다음 역에서 내리는 게 좋겠어요.

3 우리 서둘러야 해요.

▶ 정답은 Dialogue에

I couldn't sleep a wink.
한숨도 못 잤어요.

잠이 보약이라는 말이 있듯이, 잠을 잘 자는 게 중요하죠.
여러분은 양질의 수면을 취하고 있나요?
불면증으로 시달리고 있지는 않나요?

살다 보면 숙면을 취하는 걸 방해하는 요소들이 생기게 마련이에요. 여러 가지 이유로 잠을 설칠 때가 종종 있습니다. 이웃 간 층간 소음이나, 내일까지 완성해야 하는 중요한 보고서가 있거나, 혹은 고민이 많아서 늦게까지 잠을 이루지 못하거나…

이번 장에서는 이처럼 수면과 관련된 표현을 배워 볼게요.

 **Dialogue**

dlg05

대화를 듣고 상황 속 표현을 익혀 보세요.

A ¹I couldn't sleep a wink.

B Why? What did you do last night?

A My boss had the nerve to tell me to finish the monthly report by this morning. ²I stayed up till 5 in the morning to finish it.

B You must be really tired. You should get some rest.

A ³Tell me about it!

A 잠을 한숨도 못 잤어요.
B 왜요? 어젯밤에 뭐 했는데요?
A 상사가 오늘 아침까지 월간 보고서를 끝내 달라지 뭐예요. 그걸 마치느라 새벽 5시까지 깨어 있었어요.
B 정말 피곤하겠네요. 좀 쉬어요.
A 그러게 말이에요!

sleep a wink 한잠 자다 **have the nerve to ~** 뻔뻔스럽게도 ~하다
stay up 깨어 있다 **get some rest** 휴식을 취하다

Today's CHIT CHAT

오늘의 표현인 I couldn't sleep a wink에서 wink는 '눈을 깜박거리는 것'을 뜻합니다. 즉 눈을 한 번도 깜박거리지 못했다는 것은 '한숨도 못 잤다, 뜬눈으로 지새우다'는 의미가 되겠죠? wink를 이용한 또 다른 표현인 take forty winks는 '낮에 눈을 붙이다, 낮잠 자다'는 뜻이에요.

pick05

☑ **I couldn't sleep a wink.** 한숨도 못 잤어요.

I couldn't sleep a wink last night because of my headache.
두통 때문에 지난 밤에 한숨도 못 잤어요.

I just want to catch some Z's. 그냥 잠 좀 자고 싶어요.

☑ **I stayed up till 5 in the morning.** 새벽 5시까지 깨어 있었어요.

I stayed up all night studying for the exam.
시험공부를 하느라 밤새웠어요.

I was up all night talking on the phone.
나는 전화 통화하느라 밤을 새웠다.

☑ **Tell me about it!** 내 말이요!/그러게 말이에요!

You can say that again! 정말 그래요!/동감이에요!

I couldn't agree with you more. 동감이에요.

다음 우리말을 보고 영어로 말해 보세요.

1 한숨도 못 잤어요.

2 새벽 5시까지 깨어 있었어요.

3 그러게 말이에요!

▶ 정답은 Dialogue에

Chapter 1 Review

STEP 1 앞에서 배운 문장을 말해 보세요.

01 저는 일찍 일어나는 습관이 있어요.

02 나는 한때 술을 많이 마셨어.

03 술을 그렇게 많이 마시는 건 좋은 생각이 아니야.

04 아침에 뭐 먹고 싶어요?

05 시리얼 한 그릇이면 돼요.

06 다음 역에서 내리는 게 좋겠어요.

07 우리 서둘러야 해요.

08 한숨도 못 잤어요.

09 새벽 5시까지 깨어 있었어요.

10 그러게 말이에요!

STEP 2 왼쪽 페이지의 문장을 영어로 완성하세요.

01 I have a _____ of getting up early.

02 I _____ _____ drink like a fish.

03 It is not a good _____ to drink that much.

04 What do you _____ _____ eating this morning?

05 I _____ _____ to have a bowl of cereal.

06 _____ _____ get off at the next station.

07 We are in a _____.

08 I couldn't sleep a _____.

09 I _____ _____ till 5 in the morning.

10 Tell me _____ _____!

>> **01** habit **02** used to **03** idea **04** feel like **05** just want
06 We'd better **07** hurry **08** wink **09** stayed up **10** about it

Chapter 2

Introducing Myself and My Company

Day 06 I am responsible for new product development.
Day 07 I work as an accountant for ABC.
Day 08 We are an electronics company based in Seoul.
Day 09 Our main products are mobile phones.
Day 10 We are in the label business.

I am responsible for new product development.
저는 신제품 개발을 담당하고 있습니다.

비즈니스 상황에서는 자기 자신이나 회사를 소개하는 상황이 빈번히 발생합니다. 이때 직업 및 직책, 직무를 설명할 일이 종종 생기기 마련이죠.

여러분이 어떤 일을 하는지, 일하고 있는 곳이 어떤 회사인지 상대방이 이해하기 쉽도록 전달해야 효과적인 자기 홍보의 기회가 되겠죠?

자, 그렇다면 어떻게 본인의 직무와 근무하고 있는 회사를 효과적으로 소개할 수 있을지 관련 표현을 통해 배워 볼까요?

 **Dialogue**
dlg06

대화를 듣고 상황 속 표현을 익혀 보세요.

A So ¹what exactly do you do at your company?

B ²I'm responsible for new product development.

A Could you be more specific?

B ³My job involves supervising the entire manufacturing process. We think of new ideas, test them, and develop the ones that we think will succeed.

A It sounds challenging.

A 그래서, 회사에서 정확히 무슨 일을 하세요?
B 저는 신제품 개발을 담당하고 있습니다.
A 더 구체적으로 말씀해 주시겠어요?
B 제 일은 전체적인 제조 과정을 감독하는 것을 포함합니다. 우리는 새로운 아이디어를 생각하고, 그것을 시험하고, 성공할 거라고 생각하는 것을 개발합니다.
A 어려운 일 같네요.

responsible for ~에 책임 있는   **development** 개발   **specific** 구체적인
supervise 감독하다   **manufacturing** 제조   **challenging** 도전적인, 힘든

Today's CHIT CHAT

직업을 묻는 말로는 What's your job?(직업이 무엇인가요?)이 있지만 What do you do?를 일반적으로 더 자주 써요. 더 구체적으로 물을 땐 What exactly do you do at your company?로 묻고, 답할 땐 I work at (회사/장소)을 써서, I work at a publishing company 또는 I work at City Hall처럼 답할 수 있어요. 직급을 물어볼 때는 What's your job title?이라고도 합니다.

pick06

☑ **What exactly do you do at your company?**
회사에서 정확히 무슨 일을 하세요?

What do you do for a living? 직업이 무엇인가요?

Which company do you work for? 어떤 회사에서 일하고 있습니까?

☑ **I'm responsible for new product development.**
저는 신제품 개발을 맡고 있습니다.

I'm responsible for developing strategies to improve project performance. 저는 프로젝트 실적을 향상하기 위한 전략 개발을 맡고 있습니다.

I'm in charge of organizing meetings and my team's schedule.
저는 회의와 저희 팀의 스케줄을 준비하는 일을 맡고 있습니다.

☑ **My job involves supervising the entire manufacturing process.** 제 일은 전체적인 제조 과정을 감독하는 것을 포함합니다.

My job involves managing my customers' money effectively.
제 일은 고객의 돈을 효과적으로 관리하는 것을 포함합니다.

My job involves analyzing financial data regularly.
제 일은 정기적으로 재무 자료를 분석하는 것을 포함합니다.

다음 우리말을 보고 영어로 말해 보세요.

1 회사에서 정확히 무슨 일을 하세요?

2 저는 신제품 개발을 담당하고 있어요.

3 제 일은 전체적인 제조 과정을 감독하는 것을 포함합니다.

▶ 정답은 Dialogue에

DAY 07
I work as an accountant for ABC.
저는 ABC 사에서 회계사로 근무하고 있습니다.

앞 장에서 배운 직업을 묻는 질문 What do you do (for a living)?에 답하는 표현을 이어서 배워 보려고 합니다.

나의 직업을 소개할 때 "나는 회사원입니다."라고 답하는 것보다, 본인이 속한 회사명, 부서, 직급 등 구체적으로 말하는 게 더 좋겠죠? 이번 장의 타이틀 문장이 아주 좋은 예가 되겠네요.

I work as an accountant for ABC.는 'ABC라는 회사에서 회계사로 일한다'는 뜻으로, as 뒤에 직업명을 말한 후 for 뒤에 회사명을 붙여서 표현하는 자주 쓰이는 패턴입니다.

그럼, 이제부터 본인의 직업을 소개하는 표현을 배워 볼게요.

Dialogue

dlg07

대화를 듣고 상황 속 표현을 익혀 보세요.

A It's nice to see you again. What have you been up to?
B Oh, ¹it's been a long time. I just started a new job.
   ²I work as an accountant for Deloit Insurance.
A Wow! Good for you! ³How do you like it so far?
B I can't complain. The pay is great, and the benefits are awesome.
A That's fantastic! Just make sure you don't work yourself to death.

A 다시 만나서 반가워요. 어떻게 지냈어요?
B 아, 오랜만이에요. 저는 막 새 직장에 다니기 시작했어요. Deloit 보험사의 회계사로 일하고 있어요.
A 와! 잘됐네요! 지금까지 어떤 것 같아요?
B 불만 없어요. 급여도 좋고, 복지도 좋아요.
A 멋지네요! 절대 과로하지 마세요.

accountant 회계사   **insurance** 보험   **benefit** 혜택, 이득   **awesome** 멋진, 굉장한

Today's CHIT CHAT

직업을 얘기할 때 "I work as+직업명+for+회사명" 패턴으로 말하기도 하지만 근무하고 있는 회사 이름만 말하고 싶을 경우 "I work for+회사명" 패턴으로 말해요. 구체적인 직업 분야는 "I'm in the+해당 분야" 패턴을 이용하면 됩니다. I'm in the publishing industry(저는 출판업계에 몸 담고 있습니다).처럼요.

pick07

- ☑ **It's been a long time.** 오랜만이에요.
  - **I haven't seen you for a while.** 오랜만이에요.
  - **It's been ages since I have seen you.** 오랜만입니다.

- ☑ **I work as an accountant for Deloit Insurance.**
  저는 Deloit 보험사에서 회계사로 일합니다.
  - **I work at** Deloit Insurance **as** an accountant.
  저는 Deloit 보험사에서 회계사로 일합니다.
  - **I'm** an accountant **at** Deloit Insurance.
  저는 Deloit 보험사에서 회계사로 일합니다.

- ☑ **How do you like it so far?** 지금까지 어떤 것 같아요?
  - **How do you like** your new job? 새 직업은 어때요?
  - **How do you like** living in Seoul? 서울에서 사는 건 어때요?

다음 우리말을 보고 영어로 말해 보세요.

1 오랜만이에요.

2 저는 Deloit 보험사에서 회계사로 일합니다.

3 지금까지 어떤 것 같아요?

▶ 정답은 Dialogue에

DAY 08
We are an electronics company based in Seoul.
저희는 서울에 위치한 전자 회사입니다.

업무로 만난 고객이나 관련 행사에서 본인이 속한 회사가 어떤 곳인지 잘 설명하는 것은 비즈니스 회화의 기본이라고 할 수 있죠?

회사를 소개할 때는 위치나 사업 분야, 주력 상품 등을 언급하는 게 일반적입니다.

오늘은 비즈니스 상황에서 자주 써먹을 수 있는 회사 소개 표현에 대해서 배워 볼게요.

Dialogue

dlg08

대화를 듣고 상황 속 표현을 익혀 보세요.

A Give me some details about the company.
B [1]We are an electronics company based in Seoul, and [2]We are the second largest manufacturer in the business.
A How many plants do you have?
B We have 5 domestic ones, but we also have 20 factories in other countries. [3]In addition to providing mobile phones and services, we sell other quality digital devices.

A 회사에 대해 자세히 설명해 주세요.
B 저희는 서울에 본사를 둔 전자 회사로, 업계에서 두 번째로 큰 제조업체입니다.
A 공장이 몇 개나 있나요?
B 국내에는 다섯 군데가 있지만, 다른 나라에도 스무 개의 공장이 있어요. 휴대폰과 서비스를 공급할 뿐만 아니라, 양질의 다른 디지털 기기들도 판매합니다.

details 세부 사항 **based in** ~에 기반을 둔 **manufacturer** 제조사
domestic 국내의 **quality** 양질의 **device** 장치, 기기

Today's CHIT CHAT

회사의 주력 상품이나 사업을 설명할 때 동사 provide, manufacture를 써서, We provide Internet services(우리는 인터넷 서비스를 제공합니다). 또는 Our company manufactures mobile phones(우리 회사는 휴대폰을 제조합니다).와 같이 표현할 수 있어요. 그 외에도, supply, distribute, import, export 등의 다양한 동사들을 활용해 회사를 소개할 수 있어요.

pick08

☑ **We are an electronics company based in Seoul.**
저희는 서울에 본사를 둔 전자 회사입니다.

We are a cosmetics manufacturing company **based in** London.
저희는 런던에 본사를 둔 화장품 제조사입니다.

We are an architecture firm **based in** Singapore.
저희는 싱가포르에 본사를 둔 건축회사입니다.

☑ **We are the second largest manufacturer in the business.**
저희는 업계에서 두 번째로 큰 제조업체입니다.

We are the biggest IT company **in the world**.
저희는 세계에서 가장 큰 IT 회사입니다.

We are the largest distributor of automotive parts **in the region**.
저희는 지역에서 가장 큰 자동차 부품 유통업체입니다.

☑ **In addition to providing mobile phones and services,**
휴대폰과 서비스를 공급할 뿐만 아니라,

In addition to supplying mobile phone for the market,
시장에 휴대폰을 공급할 뿐만 아니라,

In addition to manufacturing electric cars,
전기자동차를 제조할 뿐만 아니라,

다음 우리말을 보고 영어로 말해 보세요.

1 저희는 서울에 본사를 둔 전자 회사입니다.

2 저희는 업계에서 두 번째로 큰 제조업체입니다.

3 휴대폰과 서비스를 공급할 뿐만 아니라,

▶ 정답은 Dialogue에

DAY 09
Our main products are mobile phones.
저희의 주요 상품은 휴대폰입니다.

회사를 소개하면서, 그 회사가 주력으로 만드는 상품을 소개하는 내용이 빠질 순 없겠죠? 업체, 분야만큼 생산하는 제품이나 서비스도 다양할 것입니다.

이번 장의 제목처럼 Our main products are ~라고 소개할 수도 있고, We feature ~, We specialize in ~, Our company is involved in ~ 으로 주력 산업이나 상품을 설명할 수도 있겠네요.

그럼, 주력 상품을 소개할 때 어떤 표현을 쓸 수 있는지 더 자세히 배워 볼까요?

 # Dialogue

dlg09

대화를 듣고 상황 속 표현을 익혀 보세요.

A ¹Could you tell me about your business?

B Sure. ²Our main products are mobile phones. We now have branches all over the country, and we have plans to open new branches overseas.

A ³When did your company go public?

B We were listed on the stock exchange in 2001, and our annual growth is 20 percent.

A 하시는 사업에 대해 말씀해 주시겠어요?
B 물론이죠. 저희의 주요 제품은 휴대폰입니다. 우리는 지금 전국에 지사를 두고 있고 해외에도 지사를 열 계획입니다.
A 당신의 회사는 언제 주식을 상장했나요?
B 저희는 2001년에 증권 거래소에 상장되었고 연간 성장률은 20%입니다.

main product 주 생산품   **overseas** 해외에   **go public** 주식을 상장하다
stock exchange 증권 거래소   **annual growth** 연 성장률

Today's CHIT CHAT

회사에서 생산하고 있는 주력 상품을 소개할 때 타이틀 문장처럼 main이라는 단어를 써서 나타낼 수도 있지만 더 고급 표현을 쓰고 싶다면? flagship (가장 중요한, 최고의)을 사용해서 다음 예문처럼 말할 수 있어요. We will launch our flagship product in July(우리는 7월에 주력 상품을 출시할 것이다).

- ☑ **Could you tell me about your business?**
  하시는 사업에 대해 말씀해 주시겠어요?

  Could you tell me about your company's products?
  당신 회사의 상품에 대해 말씀해 주시겠어요?

  Could you tell me about the history of your company?
  당신 회사의 연혁에 대해 말씀해 주시겠어요?

- ☑ **Our main products are mobile phones.**
  저희의 주력 상품은 핸드폰입니다.

  Their main product is paper, but they also offer various other products. 그들의 주요 상품은 종이지만, 다양한 다른 상품들도 제공합니다.

  Our main products include waterproof cameras.
  저희의 주력 상품은 방수 카메라를 포함합니다.

- ☑ **When did your company go public?**
  당신의 회사는 언제 주식을 상장했나요?

  When did the company get listed on the stock exchange?
  그 회사는 언제 주식을 상장했어요?

다음 우리말을 보고 영어로 말해 보세요.

1 하시는 사업에 대해 말씀해 주시겠어요?

2 저희의 주력 상품은 휴대폰입니다.

3 당신의 회사는 언제 주식을 상장했나요?

▶ 정답은 Dialogue에

We are in the label business.
저희는 라벨 제조업을 하고 있습니다.

상대방이 내가 속한 회사에 대해 정보가 충분하지 않을 때 어떤 정보를 주면 효과적으로 홍보할 수 있을까요?

직원 수나 공장 및 지사의 개수 등으로 규모를 어필할 수도 있고, 지금 하는 사업이 얼마나 잘 되어 가는지를 강조해도 효과적인 홍보가 될 수 있겠네요.

이번 장에서는 이런 정보들을 전달할 때 쓸 수 있는 표현을 배워 볼게요.

Dialogue

dlg10

대화를 듣고 상황 속 표현을 익혀 보세요.

A ¹We are in the label business. We have factories in France, Germany, and the U.K.
B ²How many people work for the company?
A We employ over 5,000 people worldwide. There are around 600 employees only in this factory.
B Is business going well?
A Luckily, yes. ³We can barely keep up with all the orders coming in.

A 저희는 라벨 제조업을 하고 있습니다. 프랑스, 독일, 영국에 공장을 가지고 있습니다.
B 회사의 직원 수는 어떻게 되나요?
A 전세계적으로 5,000명이 넘는 직원들을 고용하고 있습니다. 이 공장에만 약 600명의 직원들이 있습니다.
B 사업은 잘 되나요?
A 다행히도 그래요. 들어오는 주문을 따라잡기 힘들 정도예요.

label 상표, 라벨 **employ** 고용하다 **worldwide** 전세계적으로
go well 잘 되어 가다 **barely** 간신히, 가까스로 **keep up with** 따라잡다

Today's CHIT CHAT

회사의 규모를 말하고 싶을 때 위 대화문처럼 지점/공장의 개수나 직원 수를 언급할 수도 있고, 매출액(revenue, turnover)이나 시장 점유율(market share)을 추가로 얘기해도 좋겠죠? 아래 예문을 참고하세요!

We generated around 800 million dollars in revenues last year.
우리는 작년에 8억 달러의 수익을 창출했다.

Our market share was approximately 45 percent in 2020.
저희의 시장 점유율은 2020년에 45%였습니다.

pick10

- ☑ **We are in the label business.** 저희는 라벨 제조업을 하고 있습니다.

    We are in the insurance/advertising **business**.
    저희는 보험/광고업을 하고 있습니다.

    We are in the business of exporting sporting goods to overseas markets. 저희는 해외 시장으로 스포츠용품을 수출하는 사업을 하고 있습니다.

- ☑ **How many people work for the company?**
    회사의 직원 수는 어떻게 되나요?

    How many employees do you have? 직원들은 몇 명이나 되나요?

    Our company employs 2,000 workers.
    저희 회사는 2천 명의 직원을 고용하고 있습니다.

- ☑ **We can barely keep up with all the orders coming in.**
    들어오는 주문을 따라잡기 힘들 정도예요.

    Traffic was so bad that **I barely made it to** work on time.
    차가 너무 막혀서 간신히 제시간에 출근할 수 있었어요.

    I can barely hear what you're saying because of the noise.
    시끄러워서 당신이 하는 말을 거의 들을 수가 없어요.

다음 우리말을 보고 영어로 말해 보세요.

1 저희는 라벨 제조업을 하고 있습니다.

2 회사의 직원 수는 어떻게 되나요?

3 들어오는 주문을 따라잡기 힘들 정도예요.

▶ 정답은 Dialogue에

Chapter 2 Review

STEP 1 앞에서 배운 문장을 말해 보세요.

01 회사에서 정확히 무슨 일을 하세요?

02 저는 신제품 개발을 담당합니다.

03 오랜만입니다.

04 저희는 서울에 본사를 둔 전자 회사입니다.

05 저희는 업계에서 두 번째로 큰 제조업체입니다.

06 하시는 사업에 대해 말씀해 주시겠어요?

07 저희의 주력 상품은 핸드폰이에요.

08 당신의 회사는 언제 주식을 상장했나요?

09 회사의 직원 수는 어떻게 되나요?

10 들어오는 주문을 따라잡기 힘들 정도예요.

STEP 2 왼쪽 페이지의 문장을 영어로 완성하세요.

01 What _____ do you do at your company?

02 I'm _____ _____ new product development.

03 It's been a _____ time.

04 We are an electronics company _____ _____ Seoul.

05 We are the second _____ manufacturer in the business.

06 Could you tell me about your _____?

07 Our _____ products are mobile phones.

08 When did your company _____ _____?

09 How _____ people work for the company?

10 We can barely keep up with all the _____ coming in.

>> **01** exactly **02** responsible for **03** long **04** based in **05** largest
06 business **07** main **08** go public **09** many **10** orders

Chapter 3

Telephone Communication

Day 11 Can you talk right now?
Day 12 I'll get him to call you when he gets back.
Day 13 Sorry. I can't hear you very well.
Day 14 You've got the wrong number.
Day 15 Have we covered everything?

DAY 11
Can you talk right now?
지금 통화 가능하세요?

이번 장에서는 비즈니스 영어의 꽃이라고 부를 수 있는 전화 응대에 관련된 표현을 학습해 보려고 합니다. 업무를 진행하고 동료 또는 고객과 대화하면서 전화 통화는 매우 중요한 소통 수단이죠. 하지만 아직 영어가 어려운 초보자라면 전화로 영어를 말하는 것에 대한 막연한 두려움이 있을 거예요.

하지만 이번 장에서 배운 내용을 토대로 연습한다면 충분히 극복할 수 있어요!

그럼, 시작해 볼까요?

 **Dialogue**

대화를 듣고 상황 속 표현을 익혀 보세요.

A Hello.

B Hi. ¹Can you talk right now? ²I'm calling about the seminar next week.

A Oh, not really. I'm in a meeting at the moment, so ³can I call you back in ten minutes?

B Sure thing. Speak to you soon. It isn't that urgent.

A Thank you for understanding.

A 여보세요.
B 안녕하세요. 지금 통화할 수 있어요? 다음 주 세미나 때문에 전화드렸는데요.
A 아니요, 지금 미팅 중이어서, 제가 10분 후에 연락드려도 될까요?
B 물론이죠. 곧 다시 얘기해요. 그렇게 급한 일은 아니에요.
A 이해해 줘서 고마워요.

at the moment 지금   **call back** 다시 전화하다   **urgent** 긴급한

Today's CHIT CHAT

위 대화처럼 지인이나 동료와 바로 전화 연결이 되는 경우도 있지만 그렇지 않은 경우도 종종 발생하죠. 누구누구를 바꿔 달라는 말을 하고 싶을 때 This is Ashley from the ABC Company. May I speak to Roy?(저는 ABC 사의 Ashley입니다. Roy 씨와 통화할 수 있을까요?)처럼 얘기할 수 있어요.

- **Can you talk right now?** 지금 통화할 수 있어요?

  Are you free to talk? 얘기 좀 할 수 있을까요?

  Do you have a minute to talk? 잠깐 이야기 좀 할 수 있을까요?

- **I'm calling about the seminar next week.**
  다음 주 세미나 때문에 연락드렸어요.

  I'm calling about my interview on Monday.
  월요일 면접 때문에 전화드렸어요.

  I'm calling to tell you about our new client.
  우리 새로운 고객에 대해 논의하려고 연락드렸어요.

- **Can I call you back in ten minutes?**
  제가 10분 후에 전화드려도 될까요?

  Can I call you back later? 나중에 전화드려도 될까요?

  Can I call you again in a little while?
  잠시 후 제가 다시 전화드려도 될까요?

다음 우리말을 보고 영어로 말해 보세요.

1 지금 통화할 수 있어요?

2 다음 주 세미나 때문에 연락드렸어요.

3 제가 10분 후에 연락드려도 될까요?

▶ 정답은 Dialogue에

DAY 12
I'll get him to call you when he gets back.
그가 돌아오면 전화드리라고 할게요.

누군가에게 전화를 걸었을 때, 찾는 이가 부재중일 때가 많죠. 잠시 자리를 비웠다거나, 출장 중이라거나, 아니면 다른 사람과 통화 중이라거나, 이유는 여러 가지가 있을 수 있겠네요.

이럴 때 전화를 대신 받은 사람이, 이름과 연락처를 남기면 전화하라고 메시지를 전달하겠다는 안내를 해줍니다.

이처럼, 전화를 걸었을 때 부재중인 상황에서 어떤 표현을 쓸 수 있는지 대화를 통해 배워 볼게요.

 # Dialogue

dlg12

대화를 듣고 상황 속 표현을 익혀 보세요.

A   ¹**I'd like to speak to Mr. Lee in the Marketing Department.** I was just cut off while I was talking to him.

B   Just a moment, please. ²**I'm afraid he's away at the moment.**

A   Oh, I see. Will he be back soon?

B   I'm not sure. Would you like to leave a message? ³**I'll get him to call you when he gets back.**

A   마케팅 부서의 Lee 씨와 통화하고 싶은데요. 통화하다가 막 전화가 끊겼어요.
B   잠시만 기다려 주세요. 죄송하지만 그는 지금 자리를 비웠습니다.
A   아, 그렇군요. 곧 돌아오나요?
B   확실히는 모르겠습니다. 메시지를 남기시겠어요? 그가 돌아오는 대로 전화드리라고 전할게요.

cut off 중단하다, 끊다   **at the moment** 바로 지금   **leave a message** 메시지를 남기다

Today's CHIT CHAT

비즈니스 상황은 친구나 가족과의 대화가 아니기 때문에 예의를 갖춰 표현하는 것이 중요합니다. 이때 Would you like to leave a message?처럼, Would you ~? 패턴을 사용하면 훨씬 공손한 느낌이 나므로 꼭 알아뒀다가 활용하세요.

pick12

- ☑ **I'd like to speak to Mr. Lee in the Marketing Department.** 마케팅 부서의 Lee 씨와 통화하고 싶어요.

    Can I talk to Mr. Lee? Lee 씨와 이야기할 수 있나요?
    May I speak to Mr. Lee? Lee 씨와 이야기할 수 있나요?

- ☑ **I'm afraid he's away at the moment.**
    죄송하지만 그는 지금 자리를 비웠습니다.

    I'm afraid his line is busy. 죄송하지만 그는 통화 중입니다.
    I'm afraid he's not at his desk at the moment.
    죄송하지만 그는 지금 부재중입니다.

- ☑ **I'll get him to call you when he gets back.**
    그가 돌아오면 전화드리라고 할게요.

    I'll make sure to **pass on your message**. 메시지를 꼭 전달할게요.
    If you leave a message, **I'll return your call**.
    메시지 남겨 주시면 다시 전화드릴게요.

다음 우리말을 보고 영어로 말해 보세요.

1 마케팅 부서의 Lee 씨와 통화하고 싶어요.

2 죄송하지만 그는 지금 자리를 비웠어요.

3 그가 돌아오면 전화드리라고 할게요.

▶ 정답은 Dialogue에

DAY 13

Sorry. I can't hear you very well.

죄송하지만 잘 안 들려요.

전화 통화 중, 상대방의 말이 잘 안 들리는 경우가 종종 발생하죠. 상대방의 목소리가 너무 작거나, 전화 연결 상태가 안 좋거나, 또는 주변 소음이 너무 심하거나 등등의 요인이 있을 수 있겠네요.

이럴 때, 좀 더 크게 말해 달라고 할 수도 있고, 한 번 더 말해 달라고 할 수도 있겠죠?

이번 장에서는 상대방의 말이 잘 들리지 않을 때 어떻게 표현할 수 있는지 배워 볼게요.

 # Dialogue

dlg13

대화를 듣고 상황 속 표현을 익혀 보세요.

A Hello? [1]Sorry. I can't hear you very well. Could you speak up a little?

B Excuse me? [2]Could you repeat that please?

A [3]We seem to have a bad connection. I'll call you back… Can you hear me now?

B Yes, that's much better. Was it bad because I'm on the subway?

A I think so.

A 여보세요? 죄송하지만, 잘 안 들려요. 좀 더 크게 말씀해 주시겠어요?
B 뭐라고 하셨어요? 다시 한번 말씀해 주시겠어요?
A 전화 연결 상태가 안 좋나 봐요. 제가 다시 걸게요. 이제 들려요?
B 네, 훨씬 낫네요. 제가 지하철 안에 있어서 그랬을까요?
A 그런 것 같군요.

speak up 더 크게 말하다   **repeat** 반복하다   **bad connection** 혼선, 접속 불량

Today's CHIT CHAT

잡음이 심해 상대방의 말이 잘 안 들릴 때, 우리가 알고 있는 noise를 이용해, There's too much noise.라고도 할 수도 있지만 좀 더 고급 표현을 쓰고 싶다면? '잡음'이라는 뜻의 단어 static을 이용해 There's too much static.을 쓸 수 있어요.

pick13

- ☑ **Sorry. I can't hear you very well.** 죄송하지만, 잘 안 들려요.

  I'm sorry, **I didn't catch** that. 죄송한데, 못 들었어요.

  I can't hear you. The reception is bad.
  잘 안 들려요. 수신 상태가 안 좋아요.

- ☑ **Could you repeat that please?** 다시 한번 말씀해 주시겠어요?

  Could you **say that again**? 다시 말씀해 주시겠어요?

  Could you **speak a little louder**? 좀 더 크게 말씀해 주시겠어요?

- ☑ **We seem to have a bad connection.**
  전화 연결 상태가 안 좋나 봐요.

  We seem to **have a crossed line**. 혼선된 것 같아요.

  I'm afraid **the line is bad**. 전화 상태가 안 좋은 것 같아요.

Chapter 3 Telephone Communication

다음 우리말을 보고 영어로 말해 보세요.

1 죄송하지만, 잘 안 들려요.

2 다시 한번 말씀해 주시겠어요?

3 전화 연결 상태가 안 좋나 봐요.

▶ 정답은 Dialogue에

DAY 13 55

DAY 14
You've got the wrong number.
전화 잘못 거셨습니다.

전화를 엉뚱한 곳에 잘못 걸어 다른 사람이 받았다던가, 잘못 걸려 온 전화를 받아본 경험은 누구나 있을 거예요. 이럴 때 어떻게 응대해야 할까요?

이번 장의 제목처럼, You've got the wrong number.라고 하면 '전화 잘못 거셨어요.'라는 표현이 돼요.

오늘은 이렇게 잘못 걸려 온 전화를 받았을 때, 또는 내가 전화를 잘못 건 상황에서 할 수 있는 표현에 대해 배워 볼게요.

Dialogue

dlg14

대화를 듣고 상황 속 표현을 익혀 보세요.

A May I speak to Mr. Anderson?

B [1]There's no one here by that name. [2]What number are you calling?

A Isn't this 878-1945?

B [3]I think you've got the wrong number.

A Oh, I'm sorry to bother you.

A Anderson 씨랑 통화할 수 있을까요?
B 여기 그런 이름 가진 분은 없습니다. 몇 번으로 거셨나요?
A 여기 878-1945 아닌가요?
B 잘못 거신 것 같은데요.
A 아, 귀찮게 해서 죄송합니다.

wrong number 잘못 걸린 전화   **bother** 귀찮게 하다

Today's CHIT CHAT

전화를 잘못 걸었을 때 위 대화 상황처럼 연결해 주는 누군가가 있을 때도 있지만 '이 번호는 없는 번호입니다.'라는 음성 메시지가 나올 때도 있죠? '이 번호는 없는 번호입니다.'라는 표현은 The number you have dialed is not in service.예요. 수화기 너머로 이 표현이 들려도 이젠 당황하지 마세요!

pick14

☑ **There's no one here by that name.**
여기 그런 이름 가진 분은 없습니다.

There's no such person here. 여기 그런 사람은 없어요.
There's no one named Mr. Lee here. 여기에 Lee 씨라는 분은 없어요.

☑ **What number are you calling?** 몇 번으로 거셨어요?

What number did you dial? 몇 번으로 거셨어요?
What's the number you are calling? 몇 번으로 걸고 있나요?

☑ **I think you've got the wrong number.** 잘못 거신 것 같은데요.

I'm afraid you **have the wrong number.** 잘못 거신 것 같은데요.
I think you **have reached the wrong number.**
전화를 잘못하신 것 같은데요.

다음 우리말을 보고 영어로 말해 보세요.

1 여기 그런 이름 가진 분은 없습니다.

2 몇 번으로 거셨어요?

3 전화를 잘못 거신 것 같은데요.

▶ 정답은 Dialogue에

DAY 15
Have we covered everything?
이제 다 얘기된 건가요?

비즈니스 상황에서는 좀 더 격식을 차려야 한다고 앞에서 배웠습니다. 따라서 전화를 끊을 때도 본인이 할 말을 다했다고 전화를 끊어 버리면 안 되겠죠?

필요한 논의 사항을 빠짐없이 얘기했는지 확인하면서 전화 통화를 마무리할 것을 제안할 때, 타이틀 문장처럼 Have we covered everything? 이라고 할 수 있어요.

그럼, 통화를 마무리하는 상황에서 쓸 수 있는 표현에 대해 배워 볼까요?

대화를 듣고 상황 속 표현을 익혀 보세요.

A   Well, ¹have we covered everything today?

B   I think so. ²Would you like to add anything?

A   Not really. I'm glad we have finally reached the conclusion.

B   Same here. Thanks for calling. It was nice talking to you.

A   ³I'm looking forward to talking to you again soon.

A   음, 오늘 우리 모든 걸 다 다루었나요?
B   그런 것 같아요. 더 덧붙이고 싶은 말씀 있으세요?
A   아니요. 드디어 결론이 나서 기쁘네요.
B   저도 그래요. 전화 주셔서 감사해요. 통화 즐거웠습니다.
A   곧 다시 얘기 나눌 기회가 있으면 좋겠네요.

cover 다루다   **finally** 마침내, 드디어   **reach the conclusion** 결론에 이르다
look forward to ~을 기대하다

Today's CHIT CHAT

Have we covered everything?에서 cover는 우리가 흔히 알고 있는 '덮다, 씌우다'라는 뜻이 아닌 '다루다, 포함하다'라는 뜻으로 쓰였어요. 즉 우리가 모든 걸 다뤘는지를 묻는 표현이 되는 거죠. 이처럼, 같은 단어라도 여러 가지 뜻으로 쓰일 수 있으니 각각의 용례를 알아두면 좋겠죠?

pick15

☑ **Have we covered everything today?**
저희가 오늘 모든 걸 다 다루었나요?

Have we discussed everything? 우리 모든 걸 논의했나요?
Shall we wrap things up now? 이제 마무리할까요?

☑ **Would you like to add anything?** 덧붙이고 싶은 말씀 있으세요?

Is there **anything you want to mention**? 뭐 하시고 싶은 말씀 있으세요?
Do you have **any other points to discuss**? 더 상의할 사항이 있으세요?

☑ **I'm looking forward to talking to you again soon.**
곧 다시 얘기 나눌 기회가 있으면 좋겠네요.

I'm looking forward to seeing you again. 다시 만나 뵙기를 기대합니다.
I'm looking forward to hearing from you soon. 소식 기다리겠습니다.

다음 우리말을 보고 영어로 말해 보세요.

1 저희가 오늘 모든 걸 다뤘나요?

2 더 하실 말씀 있으세요?

3 곧 다시 얘기 나눌 기회가 있으면 좋겠네요.

▶ 정답은 Dialogue에

Chapter 3 Review

STEP 1 앞에서 배운 문장을 말해 보세요.

01 지금 통화할 수 있어요?

02 다음 주 세미나 때문에 연락드렸어요.

03 마케팅 부서의 Lee 씨와 통화하고 싶어요.

04 죄송하지만 그는 지금 자리를 비웠습니다.

05 죄송한데 잘 안 들려요.

06 다시 한번 말씀해 주시겠어요?

07 여기 그런 이름 가진 분은 없습니다.

08 몇 번으로 거셨어요?

09 전화 잘못 거신 것 같은데요.

10 저희 오늘 모든 걸 다뤘나요?

STEP 2 왼쪽 페이지의 문장을 영어로 완성하세요.

01 Can you _____ right now?

02 I'm _____ _____ the seminar next week.

03 I'd like to _____ _____ Mr. Lee in the Marketing Department.

04 I'm afraid he's _____ at the moment.

05 Sorry. I can't _____ you very well.

06 Could you _____ that please?

07 There's no one here by that _____.

08 What _____ are you calling?

09 I think you've got the _____ number.

10 Have we _____ everything today?

>> **01** talk **02** calling about **03** speak to **04** away **05** hear
06 repeat **07** name **08** number **09** wrong **10** covered

Chapter 4

Interview

Day 16 What has been your biggest achievement to date?
Day 17 I've been successful in sales so far.
Day 18 I think I'd be a good fit for the company.
Day 19 I got a bachelor's degree in marketing.
Day 20 I'm still getting my feet wet.

What has been your biggest achievement to date?
지금까지 이룬 본인의 가장 큰 성과는 무엇인가요?

취업 활동 시 가장 큰 난관은 면접이라고 할 수 있어요. 면접 그 자체로도 떨릴 텐데 영어로 면접을 봐야 하는 상황이라면? 생각만 해도 식은 땀이 나는 것 같죠?
하지만 미리 잘 준비한다면 더 이상 어렵지 않아요.
그러려면 어떤 질문이 나오고 어떻게 답변해야 하는지를 알아야겠죠?

회사나 업종마다 다르겠지만, 빠지지 않고 등장하는 질문이 아닐까 싶은데요. What has been your biggest achievement to date? 지금까지 본인이 이룬 가장 큰 성과는 무엇인가요?
다 같이 고민하면서 이번 장을 시작해 보겠습니다!

Dialogue

dlg16

대화를 듣고 상황 속 표현을 익혀 보세요.

A Mr. Kim, what do you know about our company?

B I heard ¹you are involved in big projects in Asia.

A Yeah, that's right. ²What has been your biggest achievement to date?

B Well, I introduced a new process in our department, and in six months, ³we managed to increase sales by about 22 percent.

A 김 선생님, 저희 회사에 대해 무엇을 알고 계세요?
B 귀사는 아시아의 큰 해외 프로젝트에 참여하고 있다고 들었습니다.
A 네, 맞아요. 지금까지 이룬 가장 큰 업적은 무엇입니까?
B 저는 우리 부서에 새로운 과정을 도입했고, 6개월 만에 판매량을 약 22%나 늘리는 데 성공했습니다.

be involved in ~에 관여하다   achievement 업적   to date 지금까지
process 과정   department 부서   manage to 성공하다, 해내다

Today's CHIT CHAT

면접 중 자신이 이뤄낸 성과를 잘 어필하는 것이 무엇보다 중요해요! 주로 본인의 성과로 인해 매출이 몇 프로 올랐다 등 객관적인 수치를 언급하면 더 유리하겠죠? 다음 예문처럼요. I succeeded in increasing sales by 20 percent (저는 매출을 20% 늘리는 데 성공했습니다).

pick16

- ☑ **You are involved in big projects in Asia.**
  귀사는 아시아의 큰 프로젝트에 참여하고 있습니다.

  I was involved in developing a strategy related to a new task.
  저는 새로운 업무와 관련된 전략을 개발하는 일에 참여했습니다.

  In my previous job, **I was involved in** a lot of important decisions.
  전 직장에서, 저는 많은 중요한 결정에 관여했습니다.

- ☑ **What has been your biggest achievement to date?**
  지금까지 이룬 가장 큰 업적은 무엇입니까?

  What is your biggest achievement so far?
  지금까지 이룬 가장 큰 업적은 무엇입니까?

  What is your greatest accomplishment? 당신의 가장 큰 성과는 무엇인가요?

- ☑ **We managed to increase sales by about 22 percent.**
  우리는 판매량을 약 22% 늘리는 데 성공했습니다.

  We managed to achieve our sales goal last year.
  우리는 작년에 판매 목표를 달성하는 데 성공했습니다.

  We managed to dominate the market in terms of revenue.
  우리는 수익성 면에서 시장을 점유하는 데 성공했습니다.

Chapter 4 Interview

다음 우리말을 보고 영어로 말해 보세요.

1 귀사는 아시아에서 큰 프로젝트에 참여하고 있습니다.

2 지금까지 이룬 가장 큰 업적은 무엇인가요?

3 우리는 판매량을 약 22% 늘리는 데 성공했습니다.

▶ 정답은 Dialogue에

DAY 17
I've been successful in sales so far.
저는 지금까지 영업에서 성공을 거두었습니다.

앞서 배운 비즈니스 면접 단골 질문인 What has been your biggest achievement(당신의 가장 큰 성과는 무엇이었나요)?와 맥락이 이어지네요. 이 질문에 답변하는 법에 대해 더 알아볼게요.

직장 경력이 길지 않다면 좀 난감할 수도 있지만 본인이 맡았던 성공적인 프로젝트나 성과가 좋았던 부분을 최대한 강조해서 답하는 게 중요해요.

면접관은 직책의 요건을 충족시키는 데 필요한 기술과 자질을 갖추고 있는지에 관심이 있기 때문에 여러분의 경력 및 포부를 최대한 어필하는 게 핵심이에요!

Dialogue

dlg17

대화를 듣고 상황 속 표현을 익혀 보세요.

A Well, I've looked over your résumé and cover letter and would like to ask you a few questions.
B Yes, of course.
A You're applying for a sales manager position even though you majored in advertising, aren't you?
B That's right. ¹I've been successful in sales so far, so it made me apply for this position.
A Great. ²What are your goals for the future?
B ³My long-term goal is to become a valuable person in this company.

A 음, 이력서와 자기소개서를 훑어봤는데 몇 가지 질문이 있습니다.
B 네, 물론이죠.
A 광고를 전공하셨는데 영업부장 자리에 지원하시는 거죠?
B 맞습니다. 저는 지금까지 영업에서 성공을 거두어 이 자리에 지원하게 되었습니다.
A 좋습니다. 미래의 꿈은 무엇인가요?
B 제 장기적인 목표는 이 회사에서 인재가 되는 겁니다.

look over ~을 훑어보다   **résumé** 이력서   **cover letter** 자기소개서
major in ~을 전공하다   **successful** 성공한   **apply for** 지원하다
goal 목표   **valuable** 귀중한

Today's CHIT CHAT

면접에서 본인에 대한 자랑과 포부를 어필하는 상황이더라도 최상급 표현은 자제하세요. 예를 들어 I am the best salesperson in this area(저는 이 지역에서 최고의 영업사원입니다). 같은 표현은 자칫하면 겸손의 미덕을 모르는 지원자로 비칠 수도 있으니까요.

pick17

☑ **I've been successful in sales so far.**
저는 지금까지 영업에서 성공을 거두었습니다.

I've been with this company for 20 years.
저는 이 회사에서 20년째 근무하고 있습니다.

I've been satisfied with my work so far.
저는 지금까지 제 일에 만족하고 있습니다.

☑ **What are your goals for the future?** 미래의 꿈은 무엇인가요?

Where do you see yourself in 10 years?
10년 후의 자신의 모습은 어떻게 보시나요?

What are your goals for 10 years from now?
지금부터 10년간 당신의 목표는 무엇인가요?

☑ **My long-term goal is to become a valuable person in this company.** 저의 장기적인 목표는 이 회사에서 인재가 되는 겁니다.

My goal is to get as much experience as possible.
제 목표는 가능한 한 많은 경험을 쌓는 겁니다.

My goal is to settle in a good position in a large company.
제 목표는 큰 회사에서 좋은 자리에 정착하는 것입니다.

다음 우리말을 보고 영어로 말해 보세요.

1 저는 지금까지 영업에서 성공을 거두었습니다.

2 미래의 꿈은 무엇인가요?

3 제 장기적인 목표는 이 회사에서 인재가 되는 겁니다.

▶ 정답은 Dialogue에

DAY 18
I think I'd be a good fit for the company.
제가 이 회사에 적격인 것 같습니다.

면접 시 가장 먼저 접할 가능성이 높은 질문은 아무래도 Please tell me about yourself(자신에 대해 말해 주세요).겠죠?

그 질문의 의도는 지원자에 대해 간략하게 파악한 후 후속 질문을 이어가기 위함입니다. 따라서 자기소개 즉, 스스로가 해당 포지션에 얼마나 적절한 인물임을 잘 어필하는 것은 매우 중요하다고 볼 수 있겠죠.

본인의 장점과 함께, 이 회사에서 꼭 필요한 인재임을 언급한 후 마지막으로 I think I'd be a good fit for the company(제가 이 회사에 적격인 것 같습니다).를 덧붙여 보세요. 면접관들이 여러분을 더 눈여겨볼 테니까요.

 **Dialogue**

dlg18

대화를 듣고 상황 속 표현을 익혀 보세요.

A Excuse me. What kind of person are you looking for?

B [1]We need someone who will be in charge of overseas marketing. He or she should have at least three years' experience in this field.

A What sort of skills are needed?

B [2]Excellent communication skills are essential for the job.

A [3]I think I'd be a good fit for the company.

A 실례지만, 어떤 사람을 찾고 계시나요?
B 저희는 해외 마케팅을 담당할 사람이 필요해요. 이 분야에서 적어도 3년의 경력이 있어야 합니다.
A 어떤 능력이 필요합니까?
B 해당 직무에는 뛰어난 의사소통 능력이 필수입니다.
A 제가 이 회사에 적격인 것 같습니다.

look for ~을 찾다 be in charge of ~을 담당하다 experience 경험
field 분야 communication skill 의사소통 기술 essential 필수적인

Today's CHIT CHAT

이 회사에 내가 적격인 것 같다, 꼭 필요한 인재다!라고 자신 있게 말하려면 그 전에 본인의 장점(strengths)을 충분히 설명해야겠죠? 앞서 대화에 언급된 대로, 본인이 이룬 성과가 있다면 그걸 어필하면 좋고, 그게 아니라면 본인이 지원하는 직책에 맞는 장점을 언급하면 됩니다. 예를 들어, 관리직이라면 I'm good at dealing with people(저는 사람들을 잘 다룰 수 있습니다).처럼요.

Today's Pick!

pick18

☑ **We need someone who will be in charge of overseas marketing.** 저희는 해외 마케팅을 담당할 사람이 필요해요.

We need someone who has experience in marketing and advertising. 저희는 마케팅 및 광고에 경험이 있는 사람이 필요해요.

We need a person in charge of handling customer complaints. 저희는 고객 불만을 처리할 사람이 필요해요.

☑ **Excellent communication skills are essential for the job.**
해당 직무에는 뛰어난 의사소통 능력이 필수입니다.

Having good organizational skills **is essential**.
뛰어난 조직력을 갖추는 것은 필수입니다.

It is essential for applicants **to** submit references with their application. 지원자들은 지원서와 함께 증빙 서류를 제출해야 합니다.

☑ **I think I'd be a good fit for the company.**
제가 이 회사에 적격인 것 같습니다.

I think I'd be a perfect candidate for this vacancy.
저는 이 공석에 완벽한 후보자가 될 것 같습니다.

I think I'd be a suitable applicant for this position.
제가 이 자리에 적합한 지원자가 될 것 같습니다.

Talk! Talk!

다음 우리말을 보고 영어로 말해 보세요.

1 저희는 해외 마케팅을 담당할 사람이 필요해요.

2 해당 직무에는 뛰어난 의사소통 능력이 필수입니다.

3 제가 이 회사에 적격인 것 같습니다.

▶ 정답은 Dialogue에

DAY 19
I got a bachelor's degree in marketing.
저는 마케팅 학사 학위를 받았습니다.

면접에서 특정 분야의 경우 자주 등장하는 질문 중 하나가 학력, 교육 배경에 대해 설명해 달라는 거예요.

Can you tell me about your education(당신의 학력에 관해 말씀해 주시겠어요)? 이런 질문을 받았을 때 어떻게 답변해야 할까요?
전공 분야와 학사, 석사 등의 취득 학위에 대해 언급하고, 지원한 자리와 관련 있는 분야임을 강조해서 어필하는 것이 중요하겠죠?

이번 장에서는 이렇게 본인의 교육 배경에 대해 설명할 때 쓸 수 있는 표현을 배워 볼게요.

Dialogue

dlg19

대화를 듣고 상황 속 표현을 익혀 보세요.

A I heard you studied in Sydney.

B That's right. ¹I got a bachelor's degree in marketing from a university there, and then I worked in a small marketing company in Melbourne.

A ²Why did you apply for this job?

B ³This position interests me because I am looking for an opportunity to use my skills. I believe that my education and experience are a perfect match for the position.

A 시드니에서 공부하셨다고 들었어요.
B 맞아요. 저는 대학에서 마케팅 학사 학위를 받았고, 멜버른에 있는 작은 마케팅 회사에서 일했습니다.
A 왜 이 일에 지원하셨는지 말씀해 주시겠어요?
B 제 실력을 이용할 수 있는 기회를 찾던 와중에 이 자리에 관심을 갖게 되었습니다. 제 학력과 경험이 이 일에 안성맞춤이라고 확신합니다.

bachelor's degree 학사 학위 **apply for** ~에 지원하다 **education** 교육
experience 경험 **perfect** 완벽한 **match** 잘 어울리는 것 **position** 직책, 위치

Today's CHIT CHAT

본인의 학력, 학위에 대해 소개할 때 많이 쓰이는 표현으로, 여러분들도 많이 들어봤을 법한 I majored in(~을 전공했습니다)이 있어요. I majored in economics.는 '저는 경제학을 전공했어요.'가 되죠. 참고로 minor in ~은 '~을 부전공하다'는 뜻이에요.

pick19

- ☑ **I got a bachelor's degree in marketing from a university there.** 저는 대학에서 마케팅 학사 학위를 받았습니다.

    I received a master's degree in fine arts from ABC University.
    저는 미술 전공으로 ABC 대학에서 석사 학위를 받았습니다.

    I graduated from ABC University **with a bachelor's in** journalism.
    저는 신문 방송학을 전공하여 ABC 대학을 졸업했습니다.

- ☑ **Why did you apply for this job?**
    왜 이 일에 지원하셨는지 말씀해 주시겠어요?

    What interests you about this job? 이 일에 지원한 동기가 무엇인가요?
    Why would you like to work for us? 왜 저희랑 같이 일하고 싶나요?

- ☑ **This position interests me because I am looking for an opportunity to use my skills.**
    제 실력을 이용할 수 있는 기회를 찾던 중에 이 자리에 관심을 갖게 되었습니다.

    I decided to apply because I like the vision of your company.
    귀사의 비전이 맘에 들어 지원하게 되었습니다.

    I want this job because your company has a good reputation in the industry. 귀사가 이 업계에서 평판이 좋아 이 일을 원합니다.

다음 우리말을 보고 영어로 말해 보세요.

1 저는 대학에서 마케팅 학사 학위를 받았어요.

2 왜 이 일에 지원하셨는지 말씀해 주시겠어요?

3 제 실력을 이용할 수 있는 기회를 찾던 중 이 자리에 관심을 갖게 되었습니다.

▶ 정답은 Dialogue에

DAY 20 I'm still getting my feet wet.
아직 시작하는 단계예요.

이번 장에서는 인터뷰에 성공해 막 입사한 신입사원이나, 이직해 새로운 직장에 들어간 직장인들의 상황을 다뤄볼까 합니다.

면접에 성공해 입사했지만 새로운 분위기에 적응하느라, 익숙하지 않은 업무를 소화하기 위해 매일 진땀을 흘리느라 바쁘죠. 하지만 누가 처음부터 잘하나요? 누구나 배우고 적응하는 단계가 필요한 법이죠.

이 상황을 나타낼 때 '입문하다, 처음 해보다'라는 뜻의 get one's feet wet이라는 표현을 씁니다. '발을 담그다'는 의미로, 어떤 일을 막 시작했을 때 쓸 수 있는 표현이에요.

 # Dialogue

dlg20

대화를 듣고 상황 속 표현을 익혀 보세요.

A　How's your new job going? Is it satisfying?

B　So far so good. [1]I feel like I'm in the right place now.

A　Good for you!

B　Yeah, but I don't know exactly what my job is about. [2]I'm still getting my feet wet.

A　[3]It happens to every new employee, so don't worry. It takes some time.

A　새 직장은 어때요? 만족스러우신가요?
B　지금까지는 좋아요. 이제 제대로 된 곳에 온 것 같아요.
A　잘됐군요!
B　네, 하지만 제 일이 무엇인지 정확히는 모르겠어요. 아직 시작하는 단계라서요.
A　신입사원이라면 누구나 그럴 수 있으니 걱정 마요. 시간이 좀 걸리겠죠.

satisfying 만족스러운　**exactly** 정확히　**get one's feet wet** 처음 해보다　**take time** 시간이 걸리다

Today's CHIT CHAT

　　foot을 이용한 다른 표현에는 어떤 게 있을까요? I got cold feet when I saw his face. 직역해서 '발이 차가워졌다'라는 뜻이 아니라, '겁을 먹었다, 용기를 잃었다'라는 의미가 됩니다. 즉 '그의 얼굴을 보자 용기를 잃었다.' 긴장하거나 겁을 먹으면 발이 얼어붙어 움직이지 못하는 상황에서 나온 표현이라고 해요. 이렇게 신체적 반응으로 감정을 나타낼 수 있다니 재미있네요.

pick20

☑ I feel like I'm in the right place now.
이제 제대로 된 곳에 있는 것 같아요.

I feel like I'm getting used to my new work.
새로운 일에 적응하고 있는 것 같아요.

I feel like I'm the only person who can handle this job.
저는 제가 이 일을 해낼 수 있는 유일한 사람인 것 같아요.

☑ I'm still getting my feet wet. 아직 시작하는 단계예요.

I just got started. 이제 막 시작했습니다.

I just started the ball rolling on the project. 그 프로젝트를 막 시작했습니다.

☑ It happens to every new employee.
신입사원이라면 누구나 그럴 수 있죠.

It happens to everyone who has a career in this industry.
이 업계에서 경력이 있는 사람이라면 그럴 수 있죠.

It happens to people who become successful on their own.
스스로 성공한 사람이라면 그럴 수 있죠.

다음 우리말을 보고 영어로 말해 보세요.

1 이제 제대로 된 곳에 온 것 같아요.

2 아직 시작하는 단계예요.

3 신입사원이라면 누구나 그럴 수 있어요.

▶ 정답은 Dialogue에

Chapter 4 Review

STEP 1 앞에서 배운 문장을 말해 보세요.

01 지금까지 이룬 가장 큰 업적은 무엇인가요?

02 우리는 판매량을 약 22% 늘리는 데 성공했어요.

03 저는 지금까지 영업에서 성공을 거뒀습니다.

04 미래의 꿈은 무엇인가요?

05 제 장기적인 목표는 이 회사에서 인재가 되는 겁니다.

06 해당 직무에는 뛰어난 의사소통 능력이 필수입니다.

07 제가 이 회사에 적격인 것 같습니다.

08 저는 대학에서 마케팅 학사 학위를 받았습니다.

09 이제 제대로 된 곳에 있는 것 같아요.

10 아직 시작하는 단계예요.

STEP 2 왼쪽 페이지의 문장을 영어로 완성하세요.

01 What has been your biggest _____ to date?

02 We _____ _____ increase sales by about 22 percent.

03 I've been _____ in sales so far.

04 What are your _____ for the future?

05 My long-term goal is to become a _____ _____ in this company.

06 Excellent communication skills are _____ _____ the job.

07 I think I'd be a _____ _____ for the company.

08 I got a bachelor's _____ in marketing from a university there.

09 I feel like I'm in the _____ place now.

10 I'm still getting my _____ _____.

>> **01** achievement **02** managed to **03** successful **04** goals **05** valuable person **06** essential for **07** good fit **08** degree **09** right **10** feet wet

Chapter 5

Complaints

Day 21 There's been a snag with our order.
Day 22 My connection has been repeatedly dropping.
Day 23 You overcharged me by 300 dollars.
Day 24 The line has been busy.
Day 25 I was supposed to receive the product today.

DAY 21
There's been a snag with our order.
저희 주문에 문제가 생겼어요.

여러분은 업무 중 문제가 생겼을 때 어떻게 해결하시나요?

문제 상황이 생겼을 때 영어로 어떻게 표현할까요? 흔히 '문제 상황'하면 가장 먼저 떠오르는 단어는 problem이나 trouble이죠? 우리말로 의미는 비슷하지만, 각 단어가 가진 뉘앙스가 다르답니다. 오늘 배울 표현에서는 여러분이 좀 생소하다고 느낄 수 있는 snag라는 단어가 등장해요. 잘만 활용하면 고급스러운 영어를 쓴다는 인상을 줄 수 있으니 잘 알아두세요.

그럼, 오늘의 학습을 시작해 볼까요?

Dialogue

dlg21

대화를 듣고 상황 속 표현을 익혀 보세요.

A [1]There's been a snag with our order.

B I meant to call you, but [2]it slipped my mind. There's a problem with our temporary workers.

A I understand, but I still need to know when the shipment will arrive.

B Let me check your order again.

A Thanks. [3]I've been waiting on pins and needles for it.

A 저희 주문에 문제가 있습니다.

B 전화드리려고 했는데 깜빡했네요. 저희 임시직 근로자들에게 문제가 있어서요.

A 이해해요, 하지만 배송이 언제 도착하는지 알고 싶어요.

B 주문하신 것을 다시 확인해 보겠습니다.

A 감사합니다. 초조하게 기다렸거든요.

snag (예상 밖의) 문제, 곤란한 일　slip one's mind 잊어버리다, 깜빡하다
temporary 임시직의　shipment 수송(품)　on pins and needles 초조하게, 조마조마하여

Today's CHIT CHAT

오늘의 표현 There's been a snag에서 snag는 명사로 '예상 밖의 곤란한 문제' 또는 '(걸리면 찢길 수 있는) 날카로운 것'을 의미해요. 동사로는 '(날카롭게 튀어나온 것에) 걸리다, 찢기다', 즉 '무언가를 방해하다'는 의미로까지 확장됩니다.

pick21

- ☑ **There's been a snag with our order.**
  저희 주문에 문제가 있습니다.

  There is a snag with our new product. 저희 신제품에 문제가 있어요.
  There seems to be a problem with the shipment.
  배송에 문제가 있는 것 같아요.

- ☑ **It slipped my mind.** 제가 깜빡했습니다.

  I completely forgot about it. 깜박 잊어버렸어요.
  Her birthday **slipped my mind**. 그녀의 생일을 깜빡했어요.

- ☑ **I've been waiting on pins and needles for it.**
  그것을 초조하게 기다렸어요.

  I was on pins and needles until he called me.
  그가 전화할 때까지 나는 마음 졸였다.
  I was on pins and needles waiting for the test results.
  나는 초조해하며 시험 결과를 기다렸다.

다음 우리말을 보고 영어로 말해 보세요.

1 저희 주문에 문제가 있습니다.

2 제가 깜빡했습니다.

3 그것을 초조하게 기다렸습니다.

▶ 정답은 Dialogue에

My connection has been repeatedly dropping.
인터넷 연결이 계속 끊겨요.

비즈니스 환경이나 일상생활에서 자주 접하는 상황이죠?

인터넷 연결이 불안정하여 계속 끊기거나, 서버 장애로 작업하던 파일에 문제가 생겼다면 기술팀에 빨리 연락해서 복구를 요청해야겠죠.
하지만 내가 고객의 이러한 불평을 응대해야 하는 상황이라면 문제는 달라질 수 있습니다.

이번 장에서는 고객의 불평 사항을 응대할 때 쓸 수 있는 표현에 대해 학습해 볼게요.

Dialogue

dlg22

대화를 듣고 상황 속 표현을 익혀 보세요.

A ¹My connection has been repeatedly dropping, and when it is connected, the speeds are very slow.

B ²We are sorry for the inconvenience. ³Let me check to see if there is an issue with our network. What's your client number?

A My client number is 7654-321.

B Thank you. The system does not show any maintenance in your area.

A So the problem must be on my end.

A 인터넷 연결이 계속 끊기고, 연결되면 속도가 너무 느립니다.
B 불편을 드려 죄송합니다. 네트워크에 문제가 있는지 확인해 보겠습니다. 고객 번호가 어떻게 되시나요?
A 제 고객 번호는 7654-321입니다.
B 감사해요. 시스템에 해당 지역의 유지보수가 표시되지 않습니다.
A 그러니까 분명 저희 쪽에 문제가 있겠네요.

connection 연결, 접속   **repeatedly** 반복해서   **inconvenience** 불편
maintenance 유지

Today's CHIT CHAT

위 대화처럼 불만을 제기하는 상황에서 자주 접하는 단어로 complain과 claim이 있죠. 이 두 단어의 뉘앙스 차이를 알아볼까요? 우선 둘 다 불만을 제기한다는 점에서 비슷하지만, claim은 '보상'을 요구하는 경우에 쓴다는 거예요. 즉 클레임(claim) 처리가 받아들여질 경우, 물질적 혹은 그 외의 보상이 주어진다는 거죠.

pick22

- ☑ **My connection has been repeatedly dropping.**
  인터넷 연결이 자꾸 끊겨요.

  I have an Internet connection problem. 인터넷 연결에 문제가 있어요.
  I got disconnected from the Internet while downloading files.
  파일을 다운받는 동안 인터넷이 끊겼습니다.

- ☑ **We are sorry for the inconvenience.** 불편을 드려 죄송합니다.

  Sorry for any inconvenience this may cause.
  이로 인해 불편을 드려 죄송합니다.
  We apologize for the inconvenience. 불편을 드린 점 사과드립니다.

- ☑ **Let me check to see if there is an issue with our network.**
  네트워크에 문제가 있는지 확인해 보겠습니다.

  Let me check to see if we have any openings.
  공석이 있는지 확인해 보겠습니다.
  Let me check my schedule **to see if** I'm available on that day.
  그날 제가 시간이 되는지 일정을 확인해 보겠습니다.

다음 우리말을 보고 영어로 말해 보세요.

1 인터넷 연결이 자꾸 끊깁니다.

2 불편을 드려 죄송합니다.

3 네트워크에 문제가 있는지 확인해 보겠습니다.

▶ 정답은 Dialogue에

You overcharged me by 300 dollars.
300달러가 더 청구되었습니다.

실제로 결제해야 할 금액보다 더 많은 돈을 청구 받아 본 경험, 다들 있으시죠? 이런 부당한 상황에서 의사소통이 제대로 안 된다면 정말 답답하겠죠?

요금의 과다 청구에 대한 불만 제기는 확실하고 정확하게 표현하는 것이 중요해요.

이번 장에서는 이런 상황에서 쓸 수 있는 표현에 대해 알아볼게요.

 # Dialogue

dlg23

대화를 듣고 상황 속 표현을 익혀 보세요.

A Hello! This is Ashley at Sunshine Cruises. How may I help you today?
B ¹I'm afraid there may be a misunderstanding. There is an error on the bill I received after using your service.
A Oh, I'm sorry to hear that. Could you be more specific?
B ²You overcharged me by 300 dollars. In your brochure, it claimed that all meals were provided at no extra cost, but you charged me for food every day.
A My apologies. ³I'll check it right away and get back to you.

A 안녕하세요! 선샤인 크루즈의 애슐리입니다. 무엇을 도와 드릴까요?
B 뭔가 착오가 있는 것 같은데요. 당신의 서비스를 이용한 후 받은 청구서에 오류가 있어요.
A 아, 죄송합니다. 좀 더 구체적으로 말씀해 주시겠어요?
B 300달러가 더 청구됐어요. 당신네 안내 책자에는 모든 식사가 추가 비용 없이 제공된다고 되어 있는데, 음식값이 매일 청구됐습니다.
A 사과드립니다. 바로 알아보고 연락드리겠습니다.

misunderstanding 오해, 착오   **overcharge** (금액을) 많이 청구하다
at no extra cost 추가 비용 없이

Today's CHIT CHAT

해외여행 중 원래 가격보다 많은 돈을 낸 경험, 다들 있으시죠? 쇼핑할 때도 업체의 실수나 고의로 본인이 내야 할 금액보다 많은 돈의 청구서를 받았을 때 우리는 '바가지를 썼다!'는 표현을 쓰곤 하죠. 영어로는 이를 어떻게 표현할 수 있을까요? 영어로 딱 떨어지는 표현이 바로 "I got ripped off!"예요.

☑ I'm afraid there may be a misunderstanding.
뭔가 착오가 있는 것 같습니다.

I'm afraid there has been a misunderstanding about the bill.
계산서에 뭔가 착오가 있는 것 같습니다.

It looks like there is a little mix-up on our schedule.
저희 일정에 약간의 착오가 있는 것 같습니다.

☑ You overcharged me by 300 dollars.
300달러가 더 청구되었습니다.

We were overcharged for valet parking.
우리는 대리 주차비를 과다 청구 받았습니다.

They overcharged me for the room by 20 dollars.
그들은 객실 요금으로 20달러를 더 청구했습니다.

☑ I'll check it right away and get back to you.
바로 확인해 보고 연락 드리겠습니다.

I'll **get back to you** on this matter ASAP.
최대한 빠른 시일 내에 이 건에 대해 연락드리겠습니다.

I'll look into it and **get back to you** shortly. 알아보고 곧 연락드리겠습니다.

Chapter 5 Complaints

다음 우리말을 보고 영어로 말해 보세요.

1 뭔가 착오가 있는 것 같습니다.

2 300달러가 더 청구되었습니다.

3 바로 확인해 보고 연락드리겠습니다.

▶ 정답은 Dialogue에

DAY 24
The line has been busy.
계속 통화 중이었어요.

불만을 제기하거나 제품이나 서비스 문의를 위해 고객 서비스 센터에 연락하는 경우가 종종 있죠?

여러분도 느끼셨겠지만, 전화 연결이 참 어려운 곳이 바로 고객 서비스 센터인 것 같아요. 계속 통화 중이거나, 다른 전화를 응대 중이니 대기 하라는 안내 멘트만 수십 번 듣다 보면 정말 지치게 되죠.
이렇게 전화가 통화 중일 경우, 이번 장의 제목처럼 The line has been busy.라고 해요.

그럼, 오늘은 신화 연결이 잘 안 되는 상황에 대해 배워 볼까요?

대화를 듣고 상황 속 표현을 익혀 보세요.

A Finally connected! I've been calling the whole day, but [1]the line has been busy.

B [2]Sorry to have kept you waiting for so long. How can I help you?

A [3]I'd like to place an order for some office supplies.

B No problem. I can transfer you to another department so that you can order by phone.

A I'd appreciate that.

A 이제서야 연결됐네요! 하루 종일 전화했는데, 계속 통화 중이었어요.
B 오래 기다리게 해서 죄송합니다. 무엇을 도와드릴까요?
A 사무용품을 좀 주문하고 싶은데요.
B 물론이죠. 전화 주문하실 수 있도록 다른 부서로 연결해 드리겠습니다.
A 그래 주시면 감사하죠.

---

connect 연결하다   place an order 주문하다   office supplies 사무용품
transfer 연결해 주다   department 부서   appreciate 고마워하다

Today's CHIT CHAT

전화한 곳이 관련 부서나 담당자가 아닐 때 '전화를 연결해 드리겠습니다'라는 표현을 쓰죠? '전화를 연결해 주다'는 대화에서처럼 I can transfer you to ~, Let me transfer you to ~를 쓸 수 있고, 또 다른 표현으로 I'll put you through to ~도 자주 쓰여요.

pick24

☑ **The line has been busy.** 계속 통화 중이었어요.

I kept getting a busy signal. 계속 통화 중이었어요.
I couldn't get through. 전화 연결이 안 됐어요.

☑ **Sorry to have kept you waiting for so long.**
오래 기다리게 해서 죄송합니다.

Sorry to keep bothering you. 귀찮게 해서 죄송합니다.
I'm sorry to bring this up. 이런 얘길 꺼내서 미안해요.

☑ **I'd like to place an order for some office supplies.**
사무용품을 좀 주문하고 싶어요.

I'd like to place an additional **order** for the product.
제품을 추가 주문하고 싶어요.
I'd like to place an order for an appetizer.
애피타이저를 주문하고 싶어요.

다음 우리말을 보고 영어로 말해 보세요.

1 계속 통화 중이었어요.

2 오래 기다리게 해서 죄송합니다.

3 사무용품을 좀 주문하고 싶어요.

▶ 정답은 Dialogue에

DAY 25
I was supposed to receive the product today.
오늘 제품을 받기로 되어 있었는데요.

불만 제기 상황 중 가장 흔한 케이스가 바로 배송 사고일 거예요. 여러분도 그런 경험 있으시죠?

물건을 주문하고 약속된 배송 일자가 지났는데 물품이 오지 않거나, 정작 받았는데 내가 주문한 것과 다른 게 온다면 정말 짜증이 나겠지만 비즈니스 상황에서는 최대한 정중하게 의사 표현을 하는 게 중요하겠죠?

그럼, 이번 장에서는 배송과 관련된 컴플레인 상황에서 쓸 수 있는 표현에 대해 알아볼게요!

Dialogue

dlg25

대화를 듣고 상황 속 표현을 익혀 보세요.

A What can I help you with, sir?

B ¹I was supposed to receive the product I ordered from your company today, but I haven't gotten anything yet.

A ²Could you tell me your order number so that I can check your current status?

B My order number is X-123.

A ³I am afraid that your order has been delayed due to unexpected high demand.

A 고객님, 어떻게 도와드릴까요?
B 귀사에서 주문한 상품을 오늘 배송 받기로 되어 있었는데 아직 아무것도 받지 못했습니다.
A 현재 상태를 확인하기 위해 주문 번호를 알려주시겠어요?
B 제 주문 번호는 X-123입니다.
A 유감스럽게도 예상치 못한 수요 증가로 고객님의 주문이 지연되었습니다.

be supposed to ~하기로 되어 있다   current 현재의   status 상태
delay 미루다   unexpected 예상치 못한

Today's CHIT CHAT

비즈니스 상황에서는 정중한 의사 표현이 중요하기 때문에 No라고 답하는 것보다 우회적으로 돌려서 표현하는 것이 좋습니다. 따라서 '~을 할 수 없게 되어 유감이다'라는 뜻의 I'm afraid ~를 활용하면 좋아요.

pick25

☑ I was supposed to receive the product today.
오늘 물품을 받기로 되어 있었어요.

I was supposed to arrive at the airport at 7, but I'm stuck in traffic.
7시에 공항에 도착하기로 되어 있었는데 교통체증 때문에 꼼짝도 못 하고 있다.

I was supposed to have a job interview this week, but it was canceled. 이번 주에 구직면접이 잡혀 있었는데 취소되었다.

☑ Could you tell me your order number? 주문 번호를 알려주시겠어요?

Could you tell me your e-mail address? 이메일 주소를 알려주시겠어요?
Could you tell me where the nearest parking lot is?
가장 가까운 주차장이 어딘지 알려주시겠어요?

☑ I am afraid that your order has been delayed.
유감스럽게도 귀하의 주문이 지연되었습니다.

I am afraid we don't have any in stock. 안타깝게도 재고가 하나도 없습니다.
I am afraid I'm not available right now.
죄송하지만 지금은 제가 시간이 안 됩니다.

다음 우리말을 보고 영어로 말해 보세요.

1 오늘 물품을 받기로 되어 있었어요.

2 주문 번호를 알려주시겠어요?

3 유감스럽게도 귀하의 주문이 지연됐습니다.

▶ 정답은 Dialogue에

Chapter 5 Review

STEP 1 앞에서 배운 문장을 말해 보세요.

01 저희 주문에 문제가 있습니다.

02 제가 깜빡했습니다.

03 그것을 초조하게 기다렸어요.

04 불편을 드려 죄송합니다.

05 뭔가 착오가 있는 것 같습니다.

06 300달러가 더 청구됐습니다.

07 바로 확인해 보고 연락드리겠습니다.

08 계속 통화 중이었어요.

09 오늘 물품을 받기로 되어 있었어요.

10 유감스럽게도 귀하의 주문이 지연됐습니다.

STEP 2 왼쪽 페이지의 문장을 영어로 완성하세요.

01 There's been a _____ with our order.

02 It _____ my mind.

03 I've been _____ on pins and needles for it.

04 We are sorry for the _____.

05 I'm afraid there may be a _____.

06 You _____ _____ by 300 dollars.

07 I'll _____ it right away and get back to you.

08 The line has been _____.

09 I was _____ _____ receive the product today.

10 I am afraid that your order has been _____.

>> **01** snag **02** slipped **03** waiting **04** inconvenience **05** misunderstanding
06 overcharged me **07** check **08** busy **09** supposed to **10** delayed

Chapter 6

Follow-up

Day 26　I'll check with the person in charge.
Day 27　I'll connect you to the Billing Department.
Day 28　I'll look into the problem right away.
Day 29　I do apologize.
Day 30　We'll give you a full refund.

DAY 26
I'll check with the person in charge.
담당자에게 확인해 보겠습니다.

고객이 불만을 제기한 상황에서는 무엇보다 진심 어린 사과와 적절한 후속 조치를 하는 게 중요하겠죠?

본인이 해결할 수 없는 일이라면 담당자에게 확인해 보겠다고 하는 것이 가장 효과적인 응대 방법일 거예요.

이번 학습에서는 불만 제기에 따른 적절한 후속 조치를 하는 상황에서 쓸 수 있는 표현에 대해 배워 볼게요!

 # Dialogue

dlg26

대화를 듣고 상황 속 표현을 익혀 보세요.

A Hi. I just received a smartphone from one of your delivery drivers, but [1]I'd like to make a complaint.
B I see. What's the issue?
A I received the wrong product. I ordered a completely different model.
B I'm sorry about that. [2]I'll check with the person in charge. He may have mixed up your order with someone else's.
A [3]How soon can I receive it then?

A 안녕하세요, 방금 배달 기사분으로부터 스마트폰을 받았는데, 불만을 제기하고 싶어서요.
B 알겠습니다. 뭐가 문제죠?
A 잘못된 제품을 받았어요. 제가 주문한 모델은 완전히 다른 거예요.
B 죄송합니다. 제가 담당자에게 확인해 보겠습니다. 그가 당신의 주문을 다른 사람 거랑 혼동했을 수도 있습니다.
A 그러면 언제 받을 수 있을까요?

make a complaint 항의하다   **completely** 완전히   **person in charge** 담당자
mix up with ~ ~와 혼동하다

Today's CHIT CHAT

본인의 의지나 희망을 나타낼 때 직접적으로 want to ~(~하고 싶다, 원하다)를 쓸 수도 있지만 조금 더 정중하고 격식을 갖춘 느낌으로 would like to ~ (~했으면 좋겠다)를 사용할 수 있습니다. 비즈니스 상황에서는 최대한 정중하게! 이 점 잊지 마세요.

pick26

☑ **I'd like to make a complaint.** 불만을 제기하고 싶어요.

I'd like to know about your return policy.
귀사의 환불 정책에 대해 알고 싶어요.

I'd like to get information about your products and services.
귀사의 제품과 서비스에 대한 정보를 얻고 싶어요.

☑ **I'll check with the person in charge.** 담당자에게 확인해 볼게요.

Can I speak to **the person in charge** of personnel?
인사 담당자랑 얘기할 수 있을까요?

I'll transfer you to **the person in charge**. 담당자에게 연결해 드리겠습니다.

☑ **How soon can I receive it?** 그것을 언제 받을 수 있나요?

How soon can I get the results? 언제 결과를 받을 수 있나요?

How soon can you get back to me? 언제 연락해 주실 수 있나요?

다음 우리말을 보고 영어로 말해 보세요.

1 불만을 제기하고 싶어요.

2 담당자한테 확인해 볼게요.

3 그것을 언제 받을 수 있나요?

▶ 정답은 Dialogue에

DAY 27
I'll connect you to the Billing Department.
청구 담당 부서로 연결해 드리겠습니다.

전화했는데 찾는 사람이 자리를 비웠거나 관련 부서가 아닐 경우, 가장 흔하게 할 수 있는 안내 멘트는 뭘까요?

잠시 기다리라고 하거나, 담당 부서로 연결해 주겠다는 말이겠죠? 이때, '연결하다'라는 의미의 connect를 써서 I'll connect you to ~ 패턴을 써요.
다른 표현으로는 I'll put you through to ~를 쓸 수도 있어요.

이번 장에서는 전화 통화 중 담당자 또는 담당 부시로 연결해 주는 상황에서 사용할 수 있는 다양한 표현을 배워 볼게요.

Dialogue

dlg27

대화를 듣고 상황 속 표현을 익혀 보세요.

A ¹This is Sarah from Winston Mobile speaking. ²How may I direct your call?

B I'm not sure which department to talk to, but I have some questions about my account.

A Is it about the phone itself or your bill?

B It's about the bill.

A One moment, please. ³I'll connect you to the Billing Department to solve the problem.

A 윈스턴 모바일의 사라입니다. 전화를 어디로 연결해 드릴까요?
B 어느 부서와 이야기해야 할지 잘 모르겠지만, 제 계정에 대해 몇 가지 질문이 있어서요.
A 전화기 자체에 관한 건가요, 아니면 청구서에 관한 건가요?
B 청구서에 관한 거예요.
A 잠시 기다려 주세요. 문제 해결을 위해 청구 담당 부서로 연결해 드리겠습니다.

direct 연결하다　**account** 계좌, 계정　**bill** 청구서　**solve a problem** 문제를 해결하다

Today's CHIT CHAT

전화 통화 도중에 상대방에게 잠시만 기다려 달라고 요청할 때, 영어로 어떻게 표현해야 할까요? 간단한 표현으로는, Hold on, please. / One moment, please. / Hold the line, please. / Just a minute, please. / Could you hold on, please? 등이 있습니다. 격식을 차린 표현을 쓰고 싶다면, May I put you on hold, please?라고 하면 돼요.

pick27

☑ **This is Sarah from Winston Mobile speaking.**
윈스턴 모바일의 사라입니다.

This is Dennis from HR **speaking**. 인사 부서의 데니스입니다.
This is he/she **speaking**. 접니다.

☑ **How may I direct your call?** 전화를 어디로 연결해 드릴까요?

How may I connect your call? 전화를 어디로 연결해 드릴까요?
May I ask who you are calling for? 누구를 찾으시나요?

☑ **I'll connect you to the Billing Department.**
청구 담당 부서로 연결해 드리겠습니다.

I'll connect you with the manager. 매니저에게 연결해 드릴게요.
I'll put you through to Mr. Smith. 스미스 씨에게 전화를 돌려 드릴게요.

다음 우리말을 보고 영어로 말해 보세요.

1 윈스턴 모바일의 사라입니다.

2 전화를 어디로 연결해 드릴까요?

3 청구 담당 부서로 연결해 드리겠습니다.

▶ 정답은 Dialogue에

DAY 28
I'll look into the problem right away.
즉시 문제를 알아 보겠습니다.

고객의 불만 처리에 따른 후속 조치를 할 때, 가장 먼저 상황을 정확히 파악하는 것이 중요하겠죠? 그런 다음 문제 상황에 맞는 적절한 조치를 하면 되는데, 가장 흔한 케이스 중 하나가 배송 사고죠.

본인이 주문한 제품이 아닌 다른 물건을 받았다거나, 주문한 수량과 다르게 배송이 왔을 때 등등 대처 방법에 관한 매뉴얼이 존재합니다.

이번 장에서는 이런 배송 관련 사고가 발생했을 때 어떻게 문제를 제기하고 해결하는지에 대해 대화를 통해 배워 볼게요!

Dialogue

dlg28

대화를 듣고 상황 속 표현을 익혀 보세요.

A Hello! I purchased a tea set from you last week, but it seems to be missing some pieces.

B [1]Could I get the name of the pieces which are missing?

A Sure. It's the Afternoon Delight Cozy Tea Set, and it's missing two out of the four cups.

B [2]I'll look into the problem right away and dispatch the missing items. [3]Is there anything else I can help you with?

A No, that's good enough. Thanks for the quick response.

A 안녕하세요! 지난주에 귀사에서 찻잔 세트를 구매했는데 몇 개가 빠진 것 같습니다.
B 누락된 것의 이름을 알 수 있을까요?
A 물론이죠. 애프터눈 딜라이트 코지 티 세트인데, 컵 4개 중 2개가 빠져 있어요.
B 문제점을 즉시 파악한 후 누락된 물품을 발송하겠습니다. 제가 더 도와드릴 일이 있을까요?
A 아니요, 충분합니다. 빠른 답변 감사합니다.

purchase 구매하다 **missing** 없어진, 빠진 **dispatch** 발송하다 **response** 답변

Today's CHIT CHAT

문제 상황에 따른 조치를 한 후 거기에서 대화를 마무리하는 것보다, 다른 필요한 게 있는지 덧붙인다면 더 좋은 이미지를 심어줄 수 있겠죠? 이럴 때 Is there anything else you need? 또는 간단하게 Anything else?라고 할 수 있어요.

pick28

☑ **Could I get the name of the pieces which are missing?**
누락된 것의 이름을 알 수 있을까요?

Could I get some help? 도움을 좀 받을 수 있을까요?
Could I get a discount on this item? 이 제품 할인 받을 수 있나요?

☑ **I'll look into the problem right away.**
문제점을 즉시 파악하겠습니다.

I'll check to see what the problem is. 문제가 뭔지 파악해 보겠습니다.
I'll get to the bottom of it. 어떻게 된 건지 파악해 보겠습니다.

☑ **Is there anything else I can help you with?**
제가 더 도와드릴 일 있을까요?

Is there anything else I can do for you? 제가 도와드릴 일 있을까요?
Is there anything else you need? 더 필요한 거 있으세요?

다음 우리말을 보고 영어로 말해 보세요.

1 누락된 것의 이름을 알 수 있을까요?

2 문제점을 즉시 파악하겠습니다.

3 제가 더 도와드릴 일 있을까요?

▶ 정답은 Dialogue에

DAY 29
I do apologize.
사과드립니다.

항의하는 고객에게 가장 먼저 취해야 할 조치는 진심 어린 사과겠죠? 우리가 너무나도 잘 알고 있는 I am sorry 외에, 비즈니스 상황에서는 좀 더 격식 차린 사과 표현을 쓰면 더 좋아요. I do apologize처럼요.

사과로 고객의 화가 일단은 조금 가라앉았을 테니 이젠 고객의 컴플레인 상황에 맞게 적절히 대처해야겠네요.
본인이 직접 처리할 수 없는 일이라면, 담당자 또는 담당 부서에 즉시 알려서 조치하겠다는 의사를 보여주는 게 중요해요.

이번 장에서는 사과 및 후속 조치를 하는 상황에서 쓸 수 있는 표현에 대해 배워 볼게요!

 *Dialogue*
dlg29

대화를 듣고 상황 속 표현을 익혀 보세요.

A   This is Michael in Customer Service speaking. What can I do for you today?
B   ¹I'm not happy with your Internet service. This is the third time this week that my Internet has gone down.
A   Oh, ²I'm sorry to hear that. Could you let me know some more details?
B   It all started happening when I moved the router upstairs to get a better connection in my bedroom.
A   ³I do apologize. I'll inform the IT support team immediately.

A   고객 서비스 담당 마이클입니다. 무엇을 도와드릴까요?
B   귀사의 인터넷 서비스가 맘에 안 듭니다. 이번 주에 인터넷이 다운된 게 이번이 세 번째예요.
A   아, 그거 유감이군요. 좀 더 자세히 알려 주시겠어요?
B   이 모든 것은 침실에서 더 잘 연결하려고 라우터를 위층으로 옮겼을 때 시작되었습니다.
A   죄송합니다. IT 지원팀에 즉시 알리겠습니다.

go down 작동이 중단되다   **connection** 연결   **apologize** 사과하다

Today's CHIT CHAT

대화 중 **I'm sorry to hear that**은 상대방의 슬픔이나 불행에 대해 유감을 나타내는 표현으로, 여기서 **sorry**는 우리가 아는 '미안하다'는 의미가 아니라 안타까움을 내포하고 있어요. 즉, '그걸 듣게 되어 유감이에요.'라는 뜻이 된답니다. 대화하면서 이렇게 상대방의 감정에 공감하는 제스처를 그때그때 취해 준다면 좀 더 원활한 의사소통이 가능하겠죠?

pick29

- ☑ **I'm not happy with your Internet service.**
  귀사의 인터넷 서비스가 맘에 들지 않아요.

  I'm not happy with the warranty period. 보증 기간이 맘에 안 듭니다.
  I'm not happy with his attitude. 그의 태도가 맘에 안 들어요.

- ☑ **I'm sorry to hear that.** 그렇다니 유감입니다.

  What a shame! / That's a shame. 그거 유감이네요.
  That's too bad. 정말 유감입니다.

- ☑ **I do apologize.** 사과드립니다.

  I owe you an apology. 사과드립니다.
  Please accept my sincere apology. 제 진심 어린 사과를 받아주세요.

다음 우리말을 보고 영어로 말해 보세요.

1 귀사의 인터넷 서비스가 맘에 들지 않아요.

2 그렇다니 유감입니다.

3 사과드립니다.

▶ 정답은 Dialogue에

DAY 30
We'll give you a full refund.
전액 환불해 드리겠습니다.

제품을 샀는데 일주일 만에 작동을 멈추거나, 부품이 하나 빠져서 배송되는 상황, 여러분도 겪어 보셨죠?

이렇게 제품에 하자가 있거나 불만이 있을 때 교환/환불을 받게 되는 경우가 생기는데요, 감정적으로는 화가 나겠지만 그렇다고 직원에게 무작정 화를 내는 것은 금물! 입장이 바뀌어 내가 그런 고객들을 상대해야 하는 일도 생길 수 있으니까요.

이런 상황에서 어떻게 하면 제대로 환불을 요청할 수 있는지, 그리고 제품에 불만인 고객을 어떻게 응대해야 하는지, 대화를 통해 배워 볼게요.

Dialogue

대화를 듣고 상황 속 표현을 익혀 보세요.

A   You've reached the reception desk. How may I help you?

B   ¹The washing machine I bought here is broken. It stopped working only a week after I started using it.

A   I'm sorry about that. Do you remember who installed it?

B   ²It was someone named Mark.

A   Unfortunately, he is unavailable today. ³We'll send someone else to reinstall it immediately or give you a full refund if you want.

A   접수 데스크입니다. 어떻게 도와드릴까요?
B   여기서 산 세탁기가 고장 났어요. 사용한 지 일주일 만에 작동을 멈췄습니다.
A   죄송합니다. 혹시 누가 설치했는지 기억하시나요?
B   마크라는 사람이었어요.
A   안타깝게도, 그는 오늘 부재중이네요. 즉시 다른 사람을 보내 재설치해 드리거나, 원하시면 전액 환불해 드리겠습니다.

install 설치하다   **unavailable** 만날 수 없는   **full refund** 전액 환불

Today's CHIT CHAT

'제품에 하자가 있다, 불량이다'라는 표현으로, 대화문처럼 ~ is broken이라는 표현도 쓰이지만 구어체에서는 lemon이라는 단어를 활용해서 쓰기도 해요. lemon은 신맛이 너무 강한 과일이라서 먹기 어려운 것처럼, 구어로 겉은 멀쩡한데 실속이 없는 '불량품, 결함 상품'을 의미하게 되었다는 설이 있어요. 차를 구매했는데 계속 고장이 날 때 I bought a lemon이라고 할 수 있습니다.

pick30

- ☑ **The washing machine I bought here is broken.**
  여기서 산 세탁기가 고장 났어요.
  My new cell phone **broke down**. 새로 산 핸드폰이 고장 났어요.
  They sold me a **defective** car. 그들은 결함 있는 차를 저한테 팔았어요.

- ☑ **It was someone named Mark.** 마크라는 사람이었어요.
  I have a colleague **named** Brad. 저는 브래드라는 동료가 있어요.
  A man **named** Paul will give you a ride.
  폴이라는 남자가 당신을 태워 줄 거예요.

- ☑ **We'll give you a full refund.** 전액 환불해 드리겠습니다.
  We'll refund you in full. 전액 환불해 드리겠습니다.
  We'll refund the full amount. 전액 환불해 드리겠습니다.

다음 우리말을 보고 영어로 말해 보세요.

1 여기서 산 세탁기가 고장 났어요.

2 마크라는 사람이었어요.

3 전액 환불해 드리겠습니다.

▶ 정답은 Dialogue에

Chapter 6 Review

STEP 1 앞에서 배운 문장을 말해 보세요.

01 불만을 제기하고 싶어요.

02 담당자한테 확인해 볼게요.

03 그것을 언제 받을 수 있어요?

04 전화를 어디로 연결해 드릴까요?

05 문제점을 즉시 파악하겠습니다.

06 제가 더 도와드릴 일 있을까요?

07 귀사의 인터넷 서비스가 맘에 안 들어요.

08 그렇다니 유감입니다.

09 여기서 산 세탁기가 고장 났어요.

10 전액 환불해 드리겠습니다.

STEP 2 왼쪽 페이지의 문장을 영어로 완성하세요.

01 I'd like to make a _____.

02 I'll check with the person _____ _____.

03 _____ _____ can I receive it?

04 How may I _____ your call?

05 I'll _____ _____ the problem right away.

06 Is there anything else I can _____ _____ with?

07 I'm not _____ _____ your Internet service.

08 I'm sorry to _____ that.

09 The washing machine I bought here is _____.

10 We'll give you a _____ _____.

>> 01 complaint   02 in charge   03 How soon   04 direct   05 look into
06 help you   07 happy with   08 hear   09 broken   10 full refund

Chapter 7

Making Appointments

Day 31　Would it be possible to meet on Friday?
Day 32　When would be convenient for you?
Day 33　I have another engagement.
Day 34　That suits me.
Day 35　I'm glad to have this opportunity to meet with you.

DAY 31
Would it be possible to meet on Friday?
금요일에 만날 수 있을까요?

비즈니스 상황에서는 상대방과의 약속을 정하기 위해 일정을 서로 조율하고 장소를 정하는 일이 빈번히 발생합니다. 약속을 새로 잡거나 이미 잡은 약속을 취소 또는 연기하는 경우도 자주 생기게 마련이에요.

이때 본인이 원하는 날짜와 시간, 장소가 있다면 상대방에게 먼저 가능한지를 확인하는 것이 중요하고 상대방에게 언제, 어디가 좋은지를 물어봐야겠죠?

이번 장에서는 약속 시간 및 장소를 정하거나 시간을 미루는 상황에서 쓸 수 있는 다양한 표현을 배워 볼게요.

 **Dialogue**

dlg31

대화를 듣고 상황 속 표현을 익혀 보세요.

A Hey, Jacob. I'm afraid ¹something has come up, so I don't think I can see you on Thursday. ²Would it be possible to meet on Friday instead?
B Friday's fine with me, but I think our original meeting location might be too crowded on Friday.
A You're probably right. ³Do you know any other places to have a meeting?
B Sure. There's a new place that opened up across from the shopping mall. I'll send you the directions.
A Thanks for understanding. I'll see you there at 5 p.m. on Friday.

A 안녕하세요, 제이콥. 미안한데 갑자기 일이 생겨서 목요일에 못 볼 것 같아요. 대신 금요일에 만날 수 있을까요?
B 금요일은 괜찮지만, 원래 미팅 장소가 금요일에는 너무 붐빌 것 같아요.
A 그럴 수 있겠네요. 회의하기 위한 다른 장소 알아요?
B 네. 쇼핑몰 맞은편에 새로 생긴 곳이 있어요. 길 안내를 보내드리겠습니다.
A 이해해 주셔서 감사합니다. 금요일 오후 5시에 거기서 뵙겠습니다.

location 장소   **crowded** 붐비는   **directions** 길 안내

Today's CHIT CHAT

약속을 이미 정했는데 갑자기 일이 생겨서 취소하거나 미뤄야 하는 경우가 생기죠? 이렇게 갑자기 무슨 일이 생겼다고 변명을 해야 할 때 쓸 수 있는 표현이 Something has come up(갑자기 일이 생겼어요).이에요. 이 때 정중한 사과 표현도 덧붙이는 거 잊지 마세요!

pick31

☑ **Something has come up.** 갑자기 일이 생겼어요.

   Something has come up, so I can't make it today.
   갑자기 일이 생겨서 오늘 못 갈 것 같아요.

   Something has come up, so I won't be able to attend the meeting.
   갑자기 일이 생겨서 회의에 참석하지 못할 것 같아요.

☑ **Would it be possible to meet on Friday?**
   금요일에 만날 수 있을까요?

   Would it be possible to get a refund? 환불받을 수 있을까요?
   Would it be possible to reschedule our meeting?
   우리 회의 일정을 다시 잡을 수 있을까요?

☑ **Do you know any other places to have a meeting?**
   회의할 만한 다른 장소 알아요?

   Do you know any other ways to increase sales?
   매출액을 늘리는 다른 방법 알아요?
   Do you know any other spots for taking pictures?
   사진 찍을 만한 다른 곳 알아요?

다음 우리말을 보고 영어로 말해 보세요.

1 갑자기 일이 생겼어요.

2 금요일에 만날 수 있을까요?

3 회의할 만한 다른 장소 알아요?

▶ 정답은 Dialogue에

DAY 32
When would be convenient for you?
언제가 편하시겠어요?

미팅이나 약속 일정을 정할 때 내가 일방적으로 정하는 것보다 먼저 상대방에게 언제가 편한지 물어본다면 더 좋은 인상을 줄 수 있어요.

이때 가장 많이 쓰는 표현이 바로 타이틀 문장인 When would be convenient for you?예요. 조금 더 캐주얼한 표현으로는, When are you free?가 있어요.

이번 장에서는 저번 시간에 이어, 약속을 정하는 상황에서 쓸 수 있는 표현을 더 알아볼게요!

Dialogue

dlg32

대화를 듣고 상황 속 표현을 익혀 보세요.

A Hello. [1]I'm calling to make an appointment to open a bank account.

B No problem. Let me look at the schedule. [2]When would be convenient for you?

A Any time after 4 p.m. during the week would be ideal.

B Great. Let me see… [3]Does 5 p.m. this Wednesday work for you?

A That's perfect. Thanks.

A 안녕하세요. 은행 계좌 개설을 위해 약속을 잡으려고 전화드렸습니다.
B 네. 일정을 한번 보겠습니다. 언제가 편하시나요?
A 주중 오후 4시 이후라면 언제든지 좋을 것 같아요.
B 좋네요. 음…. 이번 주 수요일 오후 5시 괜찮으세요?
A 좋습니다. 감사합니다.

open a bank account 계좌를 개설하다   **convenient** 편리한   **ideal** 이상적인

Today's CHIT CHAT

약속을 정하는 상황에서 '오후 7시 괜찮아요?'라고 물어볼 때 간단하게, Are you okay with 7 p.m.?라고 해도 되지만 대화에서처럼 Does 7 p.m. work for you?라는 표현을 쓰기도 합니다. 답변할 때도 마찬가지로, Yes, it works for me. 또는 No, it doesn't work for me.라고 하면 그 시간이 괜찮은지 여부를 말할 수 있어요.

pick32

☑ **I'm calling to make an appointment to open a bank account.** 은행 계좌를 개설하기 위한 약속을 잡으려고 전화드렸어요.

I'm calling to make an appointment to arrange a meeting.
회의 일정을 잡으려고 연락드렸어요.

I'm calling to make an appointment to meet with the HR manager.
인사 부장님이랑 약속을 잡으려고 전화드렸습니다.

☑ **When would be convenient for you?** 언제가 편하세요?

When is **the most convenient time for** you? 언제가 가장 편하세요?
What is **a good time for** you? 언제가 좋아요?

☑ **Does 5 p.m. this Wednesday work for you?**
이번 주 수요일 오후 5시 괜찮으세요?

How about this Friday at 7? 이번 주 금요일 7시 어때요?
Are you available tomorrow? 내일 시간 괜찮아요?

다음 우리말을 보고 영어로 말해 보세요.

1 은행 계좌 개설을 위해 약속을 잡으려고 전화드렸습니다.

2 언제가 편하세요?

3 이번 주 수요일 오후 5시 괜찮으신가요?

▶ 정답은 Dialogue에

DAY 33
I have another engagement.
제가 다른 약속이 있어서요.

비즈니스 상황에서 상대방이 제안한 일정이 다른 일정과 겹칠 때 또는 약속을 잡았는데 피치 못한 사정으로 미루거나 취소해야 할 경우가 종종 생기죠?

이때, 상대방의 기분이 최대한 상하지 않도록 정중하고 예의 바르게 양해를 구하는 게 중요해요.

이번 장에서는 약속을 변경하는 상황에서 쓸 수 있는 표현에 대해 배워 볼게요!

Dialogue

dlg33

대화를 듣고 상황 속 표현을 익혀 보세요.

A Hi, Francis. I just received your message. I had a look at my schedule, but I'm afraid [1]I have another engagement on that day. What's your availability for the following week?

B I'll be on a business trip until Thursday next week. I think [2]I can make time for you on Friday.

A Great! I've got an available slot at 7:30 a.m. on Friday. Is that too early for you?

B Not at all. [3]Why don't you come to my office?

A 안녕하세요, 프랜시스. 방금 당신 메시지를 받았어요. 스케줄을 봤는데 그날 다른 약속이 있어서요. 다음 주에는 시간이 어떻게 되세요?
B 다음 주 목요일까지 출장이에요. 금요일에는 당신을 만날 시간을 낼 수 있을 것 같아요.
A 좋네요! 금요일 오전 7시 30분에 시간이 비어요. 너무 이른가요?
B 전혀요. 제 사무실로 오시겠어요?

engagement (업무상) 약속 availability 이용 가능성 business trip 출장
make time for ~을 위한 시간을 내다 slot 자리

Today's CHIT CHAT

오늘 배운 대화문과 타이틀 문장에 등장하는 engagement는 흔히 우리가 알고 있는 '약혼'이라는 뜻 외에, '업무상 공적인 약속'을 격식 차려 표현할 때도 쓸 수 있어요. previous engagement하면 '선약'이라는 뜻이 됩니다.

pick33

☑ **I have another engagement on that day.** 그날 다른 약속이 있어요.

I have a previous engagement. 선약이 있어요.
I already have other plans. 다른 약속이 있어요.

☑ **I can make time for you on Friday.**
금요일에는 당신을 만날 시간을 낼 수 있어요.

Thank you for **making time for** me today.
오늘 저를 위해 시간 내주셔서 감사합니다.
I can **squeeze** you **in** at 10 tomorrow.
내일 10시에 잠깐 시간을 낼 수 있어요.

☑ **Why don't you come to my office?** 제 사무실로 오시겠어요?

Why don't you get some sleep? 눈 좀 붙이지 그래요?
Why don't you ask him for help? 그에게 도움을 요청하지 그래요?

다음 우리말을 보고 영어로 말해 보세요.

1 그날 다른 약속이 있어요.

2 금요일에는 당신을 만날 시간을 낼 수 있어요.

3 제 사무실로 오시겠어요?

▶ 정답은 Dialogue에

DAY 34

That suits me.
저는 좋습니다.

상대방의 제안을 받아들일 때 우리가 흔히 알고 있는 Okay.라고 해도 되지만, 우리는 지금 비즈니스 영어를 배우고 있으니 좀 더 고급스러운 표현을 써야겠죠?

'좋아요!'라며 상대방의 제안에 동의할 때 That suits me!라고 하면 간단하면서도 좀 더 격식 차린 느낌을 줄 수 있어요. 물론 상황에 따라 '나한테 어울린다'라는 뜻도 될 수 있으니 뉘앙스에 맞게 쓰는 것 잊지 마세요!

그럼 이번 장에서는 상대방과 약속을 정하며 제안하는 상황에서 쓸 수 있는 표현에 대해 배워 볼게요!

Dialogue

dlg34

대화를 듣고 상황 속 표현을 익혀 보세요.

A Hello. This is Zack from WB Advertising.
B Oh, hi. What can I do for you?
A Well, we're finalizing the last-minute details for the project, but I need your opinions on some choices.
B I see. [1]Shall we meet at the café where we met before?
A That'd be great. [2]How does 11:30 a.m. on Wednesday sound?
B [3]That suits me. I'll see you then.

A 안녕하세요. 저는 WB 광고의 잭입니다.
B 안녕하세요. 무엇을 도와드릴까요?
A 음, 우리는 프로젝트에 대한 막바지 세부 사항들을 마무리 중인데, 몇 가지 선택 사항에 대한 당신의 의견이 필요합니다.
B 알겠어요. 전에 만났던 카페에서 볼까요?
A 그러면 좋을 것 같아요. 수요일 오전 11시 30분 어때요?
B 좋아요. 그럼 그때 뵙겠습니다.

finalize 마무리 짓다 **last-minute** 막바지의 **opinion** 의견 **suit** 맞다, 괜찮다

Today's CHIT CHAT

타이틀 문장에 쓰인 That suits me.에 쓰인 suit에 대해 더 알아볼게요. 대화문에서는 '좋아요'라는 뜻이 되었지만 suit는 명사로 '정장', 동사로는 '어울리다, 맞다, 괜찮다'라는 뜻도 있어요. 그래서 It suits you!라고 하면 '잘 어울리네요!'라는 뜻이 된답니다.

pick34

☑ **Shall we meet at the café where we met before?**
전에 만났던 카페에서 볼까요?

Shall we have lunch together? 점심 같이 먹을까요?

Shall we go for a drink after work? 퇴근하고 한잔하러 갈까요?

☑ **How does 11:30 a.m. on Wednesday sound?**
수요일 오전 11시 30분 어때요?

How does tomorrow morning **sound**? 내일 아침 어때요?

How does my idea **sound** to you? 내 아이디어 어때요?

☑ **That suits me.** 저는 좋아요.

That suits me fine. 저는 좋아요.

It's good for me. 저는 좋아요.

다음 우리말을 보고 영어로 말해 보세요.

1 전에 만났던 카페에서 볼까요?

2 수요일 오전 11시 30분 어때요?

3 저는 좋아요.

▶ 정답은 Dialogue에

DAY 35
I'm glad to have this opportunity to meet with you.
이번 기회에 만나 뵙게 되어 기쁩니다.

드디어 약속된 일정에 비즈니스 파트너를 만난 상황이라고 가정해 볼까요? 가장 먼저 할 수 있는 말은 만나서 반갑다는 말이겠죠?

우리가 알고 있는 Nice to meet you!라고도 할 수 있지만 우리는 비즈니스 영어를 배우고 있으니 좀 더 격식 차린 표현으로 말할 수 있어야 해요.

이번 장에서는 업무상 처음 또는 오랜만에 만난 사람과 어떻게 인사하는지, 어떤 말을 주고받는지를 대화를 통해 배워 볼게요!

 # Dialogue

dlg35

대화를 듣고 상황 속 표현을 익혀 보세요.

A　Hello. Thank you for coming all this way. I'm Ashley Park. I'm a sales manager here.
B　[1]I'm glad to have this opportunity to meet with you. Here is my business card.
A　Thank you. Let me give you mine as well.
B　It says that [2]you're in charge of the entire Asian region.
A　Yes, that's right. I work with countries throughout Asia.
B　Excellent. [3]How long have you been working here?
A　For about 10 years.

A　안녕하세요. 멀리까지 와주셔서 감사합니다. 저는 영업 매니저인 애슐리 박입니다.
B　이번 기회에 만나 뵙게 되어 기쁩니다. 여기 제 명함입니다.
A　감사합니다. 제 명함도 드릴게요.
B　아시아 지역 전체를 담당하고 계신다고 쓰여 있네요.
A　네, 맞습니다. 저는 아시아 전역의 국가들과 함께 일합니다.
B　멋지네요. 여기서 일한 지 얼마나 되셨어요?
A　대략 10년 정도요.

opportunity 기회　business card 명함　in charge of ~을 맡아서

Today's CHIT CHAT

비즈니스 상황에서 자기소개 및 자신이 하는 업무를 소개할 때, 대화문의 in charge of ~를 자주 씁니다. I'm in charge of advertising.이라고 하면 '저는 광고 담당자입니다.'라는 뜻이 되겠죠? 비슷한 표현으로 I'm responsible for ~가 있어요.

pick35

☑ **I'm glad to have this opportunity to meet with you.**
이번 기회에 만나 뵙게 되어 기쁩니다.

I'm glad to hear from you. 소식을 듣게 되어 기쁩니다.

I'm glad to join your company. 같이 일하게 되어 기쁩니다.

☑ **You're in charge of the entire Asian region.**
당신은 아시아 전역을 담당하고 있군요.

I'm **in charge of** the Marketing Department. 저는 마케팅 부서 담당입니다.

I'm **in charge of** new product development. 저는 신제품 개발 담당입니다.

☑ **How long have you been working here?**
여기서 일한 지 얼마나 됐어요?

How long have you been training employees?
직원들을 교육한 지 얼마나 됐어요?

How long have you been living in this city? 이 도시에 사신 지 얼마나 됐어요?

다음 우리말을 보고 영어로 말해 보세요.

1 이번 기회에 만나 뵙게 되어 기쁩니다.

2 당신은 아시아 전역을 담당하고 있군요.

3 여기서 일한 지 얼마나 됐어요?

▶ 정답은 Dialogue에

Chapter 7 Review

STEP 1 앞에서 배운 문장을 말해 보세요.

01 갑자기 일이 생겼어요.

02 금요일에 만날 수 있을까요?

03 은행 계좌 개설을 위해 약속을 잡으려고 전화 드렸습니다.

04 언제가 편하세요?

05 그날 다른 약속이 있어요.

06 금요일에는 당신을 만날 시간을 낼 수 있어요.

07 제 사무실로 오시겠어요?

08 저는 좋아요.

09 이번 기회에 만나 뵙게 되어 기쁩니다.

10 여기서 일한 지 얼마나 되셨어요?

STEP 2 왼쪽 페이지의 문장을 영어로 완성하세요.

01 Something has _____ _____.

02 Would it be _____ _____ meet on Friday?

03 I'm calling to _____ _____ _____ to open a bank account.

04 When would be _____ for you?

05 I have _____ _____ on that day.

06 I can _____ _____ for you on Friday.

07 _____ _____ you come to my office?

08 That _____ _____.

09 I'm glad to have this _____ to meet with you.

10 How long have you _____ _____ here?

>> **01** come up **02** possible to **03** make an appointment **04** convenient
   05 another engagement **06** make time **07** Why don't **08** suits me
   09 opportunity **10** been working

Chapter 8

Meeting People

Day 36　How are things?
Day 37　I'm pleased to hear that.
Day 38　That's incredible!
Day 39　That's what I mean.
Day 40　What brings you here?

DAY 36 How are things?
어떻게 지내요?

비즈니스 상황에서 사교 활동은 인간관계를 넓히고 본인을 어필하는 데 중요한 역할을 해요. 따라서 효과적인 사교 활동을 위한 의사소통 스킬이 필수입니다.

누군가를 오랜만에 만났을 때 할 수 있는 인사말로는 어떤 게 있을까요? 오랜만에 만났으니 그동안 어떻게 지냈는지에 대한 근황을 물으며 안부 인사를 먼저 해야겠죠?

우리가 흔히 쓰는 안부 인사인 How are you?가 있지만 이를 대체할 수 있는 좀 더 격식 차린 표현을 배워 볼게요!

 **Dialogue**

대화를 듣고 상황 속 표현을 익혀 보세요.

A John, ¹I haven't seen you in ages. ²How are things?

B Busy as usual. I've been working a lot of overtime recently.

A But at least you're making a lot of money, right?

B Yeah. ³I can't complain about the money.

A Take good care of yourself, and let's meet some other time.

A 존, 오랜만이에요. 어떻게 지내요?
B 여전히 바빠요. 최근에 야근을 많이 했거든요.
A 하지만 적어도 돈을 많이 벌잖아요, 그렇죠?
B 네. 돈에 관련해서는 불평할 게 없죠.
A 건강도 챙기고 다음에 한번 봐요.

work overtime 시간 외 근무를 하다 **recently** 최근에 **take good care of** ~을 잘 돌보다

Today's CHIT CHAT

오늘 배운 대화 중 재미있는 표현이 하나 있어요. I can't complain about the money.로, 주어 I를 생략한 채 Can't complain!으로 자주 쓰이는 표현이에요. 뜻은 직역하면 '불평할 수 없다, 그럭저럭 괜찮다'이지만 뉘앙스상 불만이 있어도 표현할 수 없는 복잡 미묘한 심정을 나타낸다고 볼 수 있어요. 참고로, Couldn't be better!가 있는데 '더 나아질 수 없다', 즉 '최고예요!'라는 뜻이에요.

pick36

- ☑ **I haven't seen you in ages.** 오랜만이에요.
    - **I haven't seen you in a long time.** 오랜만이에요.
    - **It's been a long time.** 오랜만이에요.
    - **Long time, no see.** 오랜만이에요.

- ☑ **How are things?** 어떻게 지내요?
    - **How are you doing?** 어떻게 지내요?
    - **How have you been?** 어떻게 지냈어요?

- ☑ **I can't complain about the money.** 돈에 대해서는 불평할 게 없죠.
    - **I can't complain** about my job. 제 일은 그럭저럭 괜찮아요.
    - **I can't complain.** 불평할 정도는 아니에요./그럭저럭 괜찮아요.

다음 우리말을 보고 영어로 말해 보세요.

1 오랜만이에요.

2 어떻게 지내요?

3 돈에 대해서는 불평할 게 없죠.

▶ 정답은 Dialogue에

DAY 37
I'm pleased to hear that.
그 말을 들으니 기쁘네요.

비즈니스 상황에서 좀 더 원활한 의사소통 및 우호적 관계 성립을 위해 대화 시 어떤 게 필요할까요? 우선 상대방의 말을 경청하고 있다는 것을 시기적절하게 표현하는 것이 중요해요.

이때 쓸 수 있는 표현 중 하나가, I'm pleased to hear that(그 말을 들으니 기쁩니다).예요.

이번 장에서는 대화 시 상대방의 말에 적절한 피드백을 줄 때 사용할 수 있는 표현을 배워 볼게요!

Dialogue

대화를 듣고 상황 속 표현을 익혀 보세요.

A Hey, Andy. [1]Did you finish preparing for the meeting?

B I'm almost done. I only have a few more things to do.

A [2]I'm pleased to hear that. After you're finished, let's hang out together.

B That'd be great. I'll be done in no time.

A Take your time. [3]No need to rush.

A 안녕하세요, 앤디. 회의 준비 다 끝냈나요?
B 거의 다 했어요. 몇 가지만 더 하면 돼요.
A 그 말을 들으니 기쁘네요. 다 끝내면, 같이 놀아요.
B 그럼 좋겠네요. 곧 끝날 거예요.
A 천천히 해요. 서두르지 않아도 돼요.

prepare for ~을 준비하다 **hang out** 같이 어울리다 **in no time** 곧, 즉시
rush 급히 움직이다

Today's CHIT CHAT

한국 사람들은 뭐든지 빨리빨리!가 몸에 배 있죠? 외국인들이 한국에 오면 이 점 때문에 놀라곤 한다는데요. '급할수록 돌아가라'는 말이 있듯이, 여유를 갖는 것이 때론 필요합니다. 상대방이 뭔가를 급히 서두를 때, '천천히 해요! 서두르지 마요!'라고 하고 싶다면, 오늘 배운 대화문에 쓰인 것처럼 Take your time!이라고 말해 보세요.

pick37

☑ **Did you finish preparing for the meeting?**
회의 준비 다 끝냈어요?

Have you finished your weekly report? 주간 보고서 다 끝냈어요?
Are you done with your paperwork? 서류 작업 다 끝냈어요?

☑ **I'm pleased to hear that.** 그 말을 들으니 기쁩니다.

I'm happy to hear that. 그 말을 들으니 기쁩니다.
I'm glad to hear that. 그 말을 들으니 기쁩니다.

☑ **No need to rush.** 서두르지 않아도 돼요.

There's no rush. 서두를 필요 없어요.
There's no hurry. 서두를 필요 없어요.

다음 우리말을 보고 영어로 말해 보세요.

1 회의 준비 다 끝냈어요?

2 그 말을 들으니 기쁘네요.

3 서두르지 않아도 돼요.

▶ 정답은 Dialogue에

DAY 38
That's incredible!
정말 놀랍네요!

앞장에서, 상대방과 대화하면서 적절히 주고받는 피드백의 중요성을 강조했죠?

피드백은 자신의 의견 또는 감정을 적절히 드러내는 걸 가리켜요. 이때 여러 가지 감정이 있겠지만 그 중 '놀라움'을 나타낼 때는 어떤 표현을 쓸 수 있을까요?

기본적으로는, 타이틀 문장처럼 That's incredible!라고 하면 '정말 놀랍네요!'라는 뜻으로, 상대방이 한 말에 놀라움을 표현할 때 자주 쓰이는 문장이에요.

이처럼 상대방의 말에 관심을 표할 때 어떤 표현을 쓸 수 있는지 대화를 통해 배워 볼게요!

dlg38

대화를 듣고 상황 속 표현을 익혀 보세요.

A   You seem to be in a good mood today. [1]Do you have any good news?

B   Yes, I finally got promoted to general manager!

A   You did it! [2]That's incredible!

B   It is just too good to be true. As you know, it took me so many years to get here.

A   [3]You deserve it! You worked very hard.

A   오늘 기분 좋아 보여요. 무슨 좋은 일 있어요?
B   네, 저 드디어 본부장으로 승진했어요!
A   드디어 해냈군요! 굉장하네요!
B   너무 좋아서 믿어지지 않아요. 당신도 알겠지만, 여기까지 오는 데 정말 오래 걸렸어요.
A   당신은 그럴 자격이 있어요! 열심히 일했잖아요.

get promoted 승진하다   **general manager** 본부장, 총 지배인   **incredible** 믿을 수 없는   **deserve** ~을 받을 만하다

Today's CHIT CHAT

오늘 배운 대화문 중 It is just too good to be true.에 대해 더 알아볼게요. Too good to be true는 직역하면 '사실이라고 하기엔 너무 좋다'가 되는데요. 대화문처럼 좋은 일에 대해서는 '너무 좋아서 믿어지지 않는다'는 뜻이 될 수도 있고 부정적인 뉘앙스로 쓰이면 '의심스럽다'는 뜻을 내포하기도 해요.

pick38

- **Do you have any good news?** 무슨 좋은 일 있어요?
  Did anything good happen? 무슨 좋은 일 있어요?
  Is there something good? 좋은 일 있어요?

- **That's incredible!** 굉장하네요!
  That's awesome/fantastic! 정말 멋져요!/근사해요!
  What an incredible feeling! 믿을 수 없을 정도네요!

- **You deserve it!** 당신은 그럴 자격 있어요!
  You deserve some rest. 당신은 쉴 자격이 있어요.
  You deserve a reward for all your hard work.
  당신은 열심히 일한 것에 대한 보상을 받을 자격이 있어요.

다음 우리말을 보고 영어로 말해 보세요.

1 무슨 좋은 일 있어요?

2 굉장하네요!

3 당신은 그럴 자격 있어요!

▶ 정답은 Dialogue에

DAY 39
That's what I mean.
제 말이 바로 그거예요.

대화하면서 적절한 공감대를 형성하는 것은 상대방에게 호감과 좋은 인상을 얻기 위해 아주 중요합니다. 그럼, 상대방과 공감대를 형성하기 위한 커뮤니케이션 스킬에는 어떤 게 있을까요?

우선 상대방이 하는 말을 주의 깊게 듣고 있다는 것을 충분히 보여주는 거겠죠? 이를 위해서는 상대방이 하는 말에 맞장구를 쳐주는 것만큼 효과 있는 게 없답니다.
이때 쓸 수 있는 유용한 표현이 That's what I mean(제 말이 바로 그거예요).이에요.

이번 장에서는 이렇게 맞장구를 쳐주며 상대방에게 공감을 표시하는 표현을 배워 볼게요.

Dialogue

dlg39

대화를 듣고 상황 속 표현을 익혀 보세요.

A Jamie, what's the matter?

B ¹I failed to reach my sales goal this quarter.

A Why? You worked really hard for it, right?

B ²That's what I mean.

A ³Don't be so hard on yourself. I'm sure you'll do better the next time.

A 제이미, 무슨 일 있어요?
B 이번 분기 판매 목표를 달성하는 데 실패했어요.
A 왜요? 당신 정말 열심히 했잖아요?
B 제 말이 바로 그거예요.
A 너무 자책하지 마요. 다음에는 분명 더 잘할 거예요.

reach a goal 목표에 도달하다   quarter 분기   be hard on ~을 심하게 대하다

Today's CHIT CHAT

That's what I mean.처럼 상대방의 말에 공감을 표시하는 말로 또 어떤 게 있을까요? I can't agree with you more.가 대표적인데, '이보다 더 공감할 수 없다', 즉 '완전 공감한다.'는 뜻이에요. 이외에도, You can say that again.도 마찬가지로 상대방의 말에 동감하는 표현이니, 잘 알아 두세요.

pick39

☑ **I failed to reach my sales goal this quarter.**
이번 분기 판매 목표를 달성하는 데 실패했어요.

I failed to get promoted to manager. 부장으로 승진하지 못했어요.
I failed to pass the interview. 면접을 통과하지 못했어요.

☑ **That's what I mean.** 제 말이 바로 그거예요.

That's what I was going to say. 제가 하려던 말이에요.
That's exactly **what** I'm saying. 제 말이 바로 그거예요.

☑ **Don't be so hard on yourself.** 너무 자책하지 마요.

Don't be too hard on him. 그에게 너무 심하게 대하지 마요.
Don't be so nervous about meeting new people.
낯선 사람들 만나는 걸로 너무 긴장하지 마요.

다음 우리말을 보고 영어로 말해 보세요.

1 이번 분기 판매 목표를 달성하는 데 실패했어요.

2 제 말이 바로 그거예요.

3 너무 자책하지 마요.

▶ 정답은 Dialogue에

DAY 40
What brings you here?
여긴 어쩐 일이에요?

동료나 친구를 길에서 우연히 마주친 상황을 가정해 볼게요. 게다가 만난 곳이 뜻밖의 장소라면? 제일 먼저 놀라움의 감정이 들 수 있겠지만 그보다는 반가움을 최대한 표현해야겠죠?

그런 다음, 여긴 어쩐 일인지, 누구랑 왔는지 등을 물어보면 너무나 완벽한 small talk(사교적인 대화)가 되겠네요!
It's a small world(세상 참 좁군요)!라는 말도 덧붙인다면 금상첨화!

이번 장에서는 우연히 만난 지인과의 대화를 통해, 나눌 수 있는 표현을 알아볼게요.

Dialogue

dlg40

대화를 듣고 상황 속 표현을 익혀 보세요.

A Mark? Is that you? It's a pleasant surprise to see you here.
B Wow! ¹You can say that again. ²What brings you here?
A ³I'm here on business. One of my clients works here. How about you?
B I'm on vacation with my family. They are unpacking their bags in a hotel room.
A I hope you enjoy your stay here.

A 마크? 당신이에요? 여기서 만나다니 뜻밖이네요.
B 와! 그러게요. 여긴 어쩐 일이에요?
A 저는 사업차 왔어요. 고객 중 한 명이 여기서 일하거든요. 당신은요?
B 저는 가족이랑 휴가를 보내러 왔어요. 그들은 호텔 방에서 짐을 풀고 있죠.
A 여기 있는 동안 즐거운 시간 보내길 바랄게요.

surprise 놀라움   on business 업무로   vacation 휴가   unpack (짐을) 풀다

Today's CHIT CHAT

오늘의 표현인 What brings you here?에 대해 더 알아볼까요? 직역을 하면 '무엇이 당신을 여기에 오게 했나요?' 정도 되겠네요. 즉 '어떻게 오셨어요?'라는 표현인데, 이를 영어로 그대로 옮겨, How could you come here?라고 하면 방법, 교통수단을 묻는 표현이 돼버려요. 참고로, '여기 왜 왔어요?'라는 의도로 Why did you come here?라고 하면 살짝 공격적인 뉘앙스로 상대방이 받아들일 수 있으니 주의하세요!

- **You can say that again.** 그러게 말이에요.
  - **Tell me about it.** 그러게 말이에요.
  - **That's what I'm saying.** 그러게 말이에요.

- **What brings you here?** 여긴 어쩐 일이에요?
  - **What brought you to Korea?** 한국에는 무슨 일이에요?
  - **What are you doing here?** 여긴 어쩐 일이에요?

- **I'm here on business.** 저는 사업차 여기에 왔어요.
  - I have to go to Paris **on business**. 저는 사업차 파리에 가야 합니다.
  - She's away **on business**. 그녀는 출장 중입니다.

다음 우리말을 보고 영어로 말해 보세요.

1 그러게 말이에요.

2 여긴 어쩐 일이에요?

3 저는 사업차 여기에 왔어요.

▶ 정답은 Dialogue에

Chapter 8 Review

STEP 1 앞에서 배운 문장을 말해 보세요.

01 오랜만이에요.

02 회의 준비 다 끝냈어요?

03 그 말을 들으니 기쁘네요.

04 서두르지 않아도 돼요.

05 무슨 좋은 일 있어요?

06 굉장하네요!

07 당신은 그럴 자격 있어요!

08 제 말이 바로 그거예요.

09 너무 자책하지 마요.

10 여긴 어쩐 일이에요?

STEP 2 왼쪽 페이지의 문장을 영어로 완성하세요.

01 I haven't seen you _____ _____.

02 Did you _____ _____ for the meeting?

03 I'm _____ _____ hear that.

04 No need _____ _____.

05 Do you have any _____ _____?

06 That's _____!

07 You _____ it!

08 That's what I _____.

09 _____ _____ so hard on yourself.

10 What _____ you here?

>> **01** in ages **02** finish preparing **03** pleased to **04** to rush **05** good news
   06 incredible **07** deserve **08** mean **09** Don't be **10** brings

Chapter 9

Socializing

Day 41　This cake is to die for!
Day 42　Do you want another drink?
Day 43　I'll have to take a rain check on that.
Day 44　It costs an arm and a leg.
Day 45　How was your flight?

DAY 41
This cake is to die for!
이 케이크 맛이 끝내주네요!

동료가 간식으로 케이크를 싸 온 상황을 가정해 볼게요.

회사에서 업무 중간에 먹는 간식만큼 맛있는 게 없죠? 이 때 할 수 있는 말로, This cake is to die for(이 케이크 너무 맛있어요)!, Could I have some more(더 먹어도 될까요)?, Next time, it will be my treat(다음에는 제가 살게요). 등의 반응을 보이면 동료가 정말 좋아하겠네요.

이번 장에서는 이처럼 음식을 같이 먹는 상황에서 나눌 수 있는 대화를 통해 다양한 표현을 배워 볼게요.

대화를 듣고 상황 속 표현을 익혀 보세요.

A [1]This cake is to die for!

B Thanks. I'm glad you like it. I bought it at a new bakery in town.

A Actually I'm full, but [2]could I have some more?

B Help yourself. I brought it to share.

A [3]Next time, it will be my treat.

A 이 케이크 맛이 끝내 주네요!
B 고마워요. 좋아하신다니 기쁘네요. 시내에 새로 생긴 빵집에서 샀어요.
A 실은 배는 부르지만, 좀 더 먹어도 될까요?
B 마음껏 드세요. 나눠 먹으려고 가져왔어요.
A 다음에는 제가 대접할게요.

to die for 아주 매력적인 **full** 배가 부른 **Help yourself.** 마음대로 드세요.
treat 대접, 한턱

Today's CHIT CHAT

오늘 배운 대화 중 재미있는 표현이 있어요. This cake is to die for!로, '이 케이크는 죽어도 좋을 만큼 욕심이 난다', 즉 그만큼 '맛이 끝내준다!'는 뜻이 된답니다. 얼마나 맛있으면 이런 표현을 쓸까요? 여러분도 음식을 먹고서 '맛있다'라는 표현으로는 부족할 때 이 표현을 써보세요!

pick41

- **This cake is to die for!** 이 케이크 맛이 끝내주네요!
  The taste of the donuts was **to die for**. 도넛 맛이 끝내줬어요.
  The view from the hotel was **to die for**. 호텔 전망이 끝내줬어요.

- **Could I have some more?** 더 먹어도 될까요?
  Could I have a cup of coffee? 커피 한잔 주시겠어요?
  Could I have another piece of cake? 케이크 한 조각 더 먹어도 될까요?

- **Next time, it will be my treat.** 다음에는 제가 대접할게요.
  I'll **treat you** next time. 다음에는 제가 쏠게요.
  I'll **pick up the bill**. 제가 쏠게요.

다음 우리말을 보고 영어로 말해 보세요.

1 이 케이크 맛이 끝내주네요!

2 더 먹어도 될까요?

3 다음에는 제가 대접할게요.

▶ 정답은 Dialogue에

DAY 42
Do you want another drink?
한 잔 더 마실래요?

술자리에서 일원 중 한 명이 2차를 제안할 때 여러분은 뭐라고 하나요?

요새는 회식 문화도 점점 바뀌는 분위기라, 예전처럼 부어라 마셔라 하는 경우도 드물다고 하죠? 뭐든지 '적당히'가 중요하답니다.

이처럼, 한 잔 더 마시자고 상대방이 제안하는 상황에서 어떤 대화가 오가는지 한번 배워 볼게요.

 # Dialogue

dlg42

대화를 듣고 상황 속 표현을 익혀 보세요.

A   [1]Do you want another drink?

B   Okay, but this is the last one! I don't want to have a hangover tomorrow.

A   Why? What are you doing tomorrow?

B   I have a presentation in the morning, so [2]I'm a little nervous about it.

A   Don't worry. [3]I'm sure you'll do great.

A   한 잔 더 마실래요?
B   좋아요, 하지만 이게 마지막이에요! 내일 숙취로 고생하기 싫어요.
A   왜요? 내일 뭐 하는데요?
B   아침에 발표가 있는데, 그것 때문에 좀 걱정돼요.
A   걱정 마요. 당신은 분명 잘할 기예요.

hangover 숙취   nervous about ~에 긴장되는

Today's CHIT CHAT

another, other, the other는 수를 셀 때 헷갈릴 수 있는 표현이에요. another는 '또 다른, 또 하나의', other는 '다른', the other는 '(둘 중) 다른 하나', others는 '다른 것들', the others는 '나머지들'이란 뜻으로 사용돼요. 앞선 대화에서도 '한 잔 더 마시다'는 의미로 another drink가 쓰였어요.

pick42

- ☑ **Do you want another drink?** 한 잔 더 드실래요?
  - **Would you like another** beer? 맥주 한 잔 더 드실래요?
  - **Would you care for another** cup of coffee? 커피 한 잔 더 드실래요?

- ☑ **I'm a little nervous about it.** 그것 때문에 좀 걱정돼요.
  - **I'm concerned about** my career. 제 경력이 걱정돼요.
  - **I'm anxious about** the test results. 테스트 결과가 걱정돼요.

- ☑ **I'm sure you'll do great.** 당신은 분명 잘할 거예요.
  - **I'm sure you'll do** well. 당신은 분명 잘 해낼 거예요.
  - **I'm sure you'll do** fine. 당신은 분명 잘 해낼 거예요.

다음 우리말을 보고 영어로 말해 보세요.

1 한 잔 더 드실래요?

2 그것 때문에 좀 걱정돼요.

3 당신은 분명 잘할 거예요.

▶ 정답은 Dialogue에

I'll have to take a rain check on that.

그건 다음 기회로 미뤄야 할 것 같아요.

상대방과 이미 정한 약속을 갑자기 취소하거나 미뤄야 하는 경우가 종종 생기죠? 비즈니스 상황에서 상대방의 감정을 상하게 하지 않고 정중하게 약속을 취소하려면 어떤 표현을 써야 할까요?

I have to cancel.이라고만 한다면 자칫 무례하다는 인상을 줄 수 있다는 거, 이제 다들 감 잡으셨죠?

이번 장에서는 이렇게 약속을 미루거나 취소하는 상황에서 쓸 수 있는 표현을 배워 볼게요.

Dialogue

dlg43

대화를 듣고 상황 속 표현을 익혀 보세요.

A How about going to a club after work?

B I'm afraid [1]I'll have to take a rain check on that. [2]I have to work late tonight to catch up on my work.

A On a Friday night? That's too bad.

B Yeah, but I'm trying to look on the bright side.

A Right. [3]You will get paid extra for it.

A 퇴근하고 클럽에 가는 거 어때요?
B 그건 다음 기회로 미뤄야 할 것 같아요. 밀린 일을 하기 위해 오늘 야근해야 해요.
A 금요일 밤에요? 안됐네요.
B 네, 하지만 긍정적으로 생각하려고요.
A 맞아요. 그걸로 추가 수당을 받겠네요.

take a rain check 다음을 기약하다, 미루다   catch up on ~을 따라잡다
look on the bright side 긍정적으로 보다   get paid for ~에 대한 돈을 받다

Today's CHIT CHAT

rain check은 비로 인해 경기 취소 시 주는 '우천 교환권'으로, take a rain check이라고 하면 '다음을 기약하다, 다음으로 미루다'라는 뜻으로 쓰여요. Can I take a rain check?과 같이 쓸 수 있어요.

pick43

- ☑ **I'll have to take a rain check on that.**
  그건 다음 기회로 미뤄야 할 것 같아요.

  I'm going to have to **take a rain check on** lunch today.
  오늘 점심 약속은 미뤄야 할 것 같아요.

  Can we **take a rain check on** the meeting?
  회의를 다음으로 미뤄도 될까요?

- ☑ **I have to work late tonight.** 오늘 야근해야 해요.

  I have to **work overtime** all week. 일주일 내내 시간 외 근무를 해야 해요.
  I have to **work until late at night** today. 오늘 밤늦게까지 일해야 해요.

- ☑ **You will get paid extra for it.** 그걸로 추가 수당을 받게 될 거예요.

  You will **get extra benefits** starting next week.
  다음 주부터 추가 수당을 받게 될 겁니다.

  You will **be paid for the extra time**. 추가 시간에 대해 지급받게 될 겁니다.

다음 우리말을 보고 영어로 말해 보세요.

1 그건 다음 기회로 미뤄야 할 것 같아요.

2 오늘 야근해야 해요.

3 그걸로 추가 수당을 받게 될 거예요.

▶ 정답은 Dialogue에

DAY 44
It costs an arm and a leg.
그건 엄청 비싸요.

동료가 카메라를 사고 싶은데 가격이 너무 비싸서 망설이고 있네요. 이처럼 무언가를 지칭하며 '가격이 매우 비싸다'라고 표현할 때 우리가 알고 있는 단어 expensive를 써도 되지만, 뭔가 밋밋하고 심심하죠?

이럴 때 쓸 수 있는 표현으로 cost an arm and a leg가 있어요. '가격이 팔다리에 맞먹을 만큼 비싸다'는 뜻으로, 원어민들이 자주 사용하는 표현이니 꼭 알아두세요! 비슷한 표현으로는 cost the earth, pay through the nose 등이 있어요.

이번 장에서는 이처럼 가격 관련 표현을 배워 볼게요.

 # Dialogue

dlg44

대화를 듣고 상황 속 표현을 익혀 보세요.

A Congratulations, Sam. I heard you won the employee of the year award.

B Thanks. ¹I was just lucky.

A What will you do with your bonus?

B There is a camera I want to buy, but ²it costs an arm and a leg. I'm thinking about whether to buy it or not.

A ³Treat yourself to it! You deserve it.

A 축하해요, 샘. '올해의 직원상'을 받았다면서요.
B 고마워요, 운이 좋았을 뿐이에요.
A 보너스 받은 걸로는 뭐 할 거예요?
B 갖고 싶은 카메라가 있는데, 엄청 비싸요. 그걸 살까 말까 고민 중이에요.
A 큰맘 먹고 사요! 당신은 그럴 자격 있어요.

employee of the year award 올해의 직원상   cost an arm and a leg 큰 돈이 들다   treat 대접하다

Today's CHIT CHAT

'가격이 비싸다'는 표현으로 대화를 통해 cost an arm and a leg를 배웠는데, 반대로 '가격이 저렴하다, 거저나 마찬가지다'라고 하고 싶을 때 쓸 수 있는 표현으로 It's a steal!이 있어요.

pick44

☑ **I was just lucky.** 저는 운이 좋았을 뿐이에요.

I was lucky to pass the test this time. 이번에 운이 좋아서 시험에 합격했어요.

I was lucky that I got a room during the peak season.
성수기에 방을 구하다니 운이 좋았어요.

☑ **It costs an arm and a leg.** 그건 터무니없이 비싸요.

Remodeling a house will **cost an arm and a leg**.
집을 개조하는 것은 돈이 많이 들 거예요.

It **costs a fortune**. 그건 너무 비싸요.

☑ **Treat yourself to it!** 큰맘 먹고 사요!

Treat yourself to a brand-new car! 큰맘 먹고 이 신형 차를 구매하세요!

Treat yourself to a massage at a luxury spa!
자신을 위해 고급 스파에서 마사지를 받으세요!

다음 우리말을 보고 영어로 말해 보세요.

1 저는 운이 좋았을 뿐이에요.

2 그건 터무니없이 비싸요.

3 큰맘 먹고 사요!

▶ 정답은 Dialogue에

How was your flight?
비행은 어땠어요?

고객을 공항으로 픽업하러 가는 상황이라고 가정해 볼게요.

처음 만나는 상대라면 어색한 분위기를 깨기 위해 small talk(사교적인 대화)를 시작하면 좋겠죠?
비행이 어땠는지, 오는 여정이 힘들지 않았는지 등의 질문으로 가볍게 시작할 수 있겠네요.
먼 거리 비행을 하느라 힘들었을 고객에게, How was your flight?, How was your trip?, Did you have a good flight? 등의 질문을 해 볼까요?

대화를 듣고 상황 속 표현을 익혀 보세요.

A I'm so happy to see you again! [1]How was your flight?
B It wasn't too bad. I slept for most of it.
A That's great. Who did you fly with?
B I flew with Southern Airlines. It was my first time flying on it.
A [2]I'm glad you arrived in one piece. We've got lots of fun stuff planned for the week.
B [3]I'm looking forward to it.

A 다시 만나 정말 기뻐요! 비행은 어땠어요?
B 나쁘지 않았어요. 거의 잤어요.
A 잘됐네요. 어느 항공편으로 오셨죠?
B Southern Airlines로 왔어요. 그 항공사는 처음이었어요.
A 무사히 도착해서 기뻐요. 이번 주는 재미있는 일들이 많이 계획되어 있어요.
B 정말 기대되는군요.

flight 여행, 비행   airlines 항공사   in one piece 안전히   look forward to ~을 기대하다

Today's CHIT CHAT

대화 중의 arrive in one piece는 '무사히 도착하다'는 뜻으로, 하나의 phrase로 알아 두면 유용하게 사용할 수 있는 표현이에요. 여기서 in one piece의 영영 해석을 보면 unharmed, undamaged 즉, '다치거나 손상되지 않은'이라는 의미로, 해외 출장이나 여행을 다녀온 동료에게 무사히 도착하길 바란다고 말하고 싶을 때 쓸 수 있어요. 참고로, 유사한 의미의 have a safe trip이라고 하면 좀 더 부드러운 표현이 됩니다.

pick45

- **How was your flight?** 비행은 어땠어요?
  How was your holiday? 휴가는 어땠어요?
  How was your business trip? 출장은 어땠어요?

- **I'm glad you arrived in one piece.** 무사히 도착해서 기뻐요.
  I'm lucky to **get home in one piece**. 집에 무사히 도착해서 다행이에요.
  I'm glad you **had a safe trip**. 안전한 여행을 했다니 기뻐요.

- **I'm looking forward to it.** 정말 기대됩니다.
  I'm looking forward to this holiday. 이번 휴가가 기대돼요.
  I'm looking forward to seeing you soon.
  당신을 곧 만나기를 기대하겠습니다.

다음 우리말을 보고 영어로 말해 보세요.

1 비행은 어땠어요?

2 무사히 도착해서 기뻐요.

3 정말 기대됩니다.

▶ 정답은 Dialogue에

Chapter 9 Review

STEP 1 앞에서 배운 문장을 말해 보세요.

01 이 케이크 맛이 끝내주네요!

02 더 먹어도 될까요?

03 다음에는 제가 대접할게요.

04 한 잔 더 드실래요?

05 당신은 분명 잘할 거예요.

06 그건 다음 기회로 미뤄야 할 것 같아요.

07 오늘 야근해야 해요.

08 그건 터무니없이 비싸요.

09 비행은 어땠어요?

10 정말 기대됩니다.

STEP 2 왼쪽 페이지의 문장을 영어로 완성하세요.

01 This cake is to _____ _____!

02 Could I _____ some _____?

03 Next time, it will be my _____.

04 Do you want _____ drink?

05 I'm sure you'll _____ _____.

06 I'll have to take a _____ _____ on that.

07 I have to _____ _____ tonight.

08 It costs an _____ and a _____.

09 How was your _____?

10 I'm _____ _____ to it.

>> 01 die for 02 have, more 03 treat 04 another 05 do great
06 rain check 07 work late 08 arm, leg 09 flight 10 looking forward

Chapter 10

Presenting in front of People

Day 46 Let's have a look at this chart.
Day 47 This graph shows that we achieved our goal.
Day 48 I'd like to emphasize that the number of users is rising.
Day 49 Please pay attention to the figures below.
Day 50 Let me sum up what I've said so far.

Let's have a look at this chart.
이 차트를 한번 봅시다.

여러 사람들 앞에서 영어로 프레젠테이션을 하게 된 상황을 가정해 볼까요?

영어로 말하기도 어려운데 프레젠테이션을 해야 하다니, 생각만 해도 식은땀이 나고 심장이 벌렁거리는 것 같죠?
하지만 이번 장에서 배우게 될 프레젠테이션 관련 표현을 충분히 익혀 둔다면, 영어로 프레젠테이션 하기~ 절대 어렵지 않아요!

여러 사람들 앞에서 떨지 않고 자신 있게 발표하는 자신의 모습을 상상하며, 이번 장의 학습을 시작해 볼까요?

 **Dialogue**

dlg46

대화를 듣고 상황 속 표현을 익혀 보세요.

A Good morning, everyone. [1]I know we are tight for time, so I'll jump right into the presentation.

B [2]Sorry for interrupting, but I have a quick question before you start.

A Of course. Go ahead.

B Does the data include the acquisition costs?

A This presentation will go into detail about the numbers before and after the acquisition. Now [3]let's have a look at this chart.

A 좋은 아침입니다, 여러분. 시간이 촉박하다고 하니 바로 발표에 들어가겠습니다.
B 방해해서 죄송하지만 시작하기 전에 질문이 있어요.
A 네, 말씀하세요.
B 이 데이터에는 인수 비용이 포함되어 있나요?
A 이번 발표에서는 인수 이전과 이후 수치에 대한 자세한 정보를 제공할 것입니다. 이제 이 차트를 한번 봅시다.

tight 빠듯한, 꽉 찬 **interrupt** 방해하다 **acquisition** (기업의) 인수 **cost** 비용
go into detail 상세히 설명하다

Today's CHIT CHAT

우리말로 '시간이 빠듯하다'는 표현으로 We are tight for time.이라고 할 수 있다는 거, 앞선 대화문에서 배웠죠? tight는 '(옷이) 딱 붙는, 단단한'이라는 뜻도 있지만 여기서는 '(일정 등이) 빡빡한'이라는 뜻으로 쓰였어요. We are pressed for time., We are short on time. 등도 비슷한 의미로 쓸 수 있는 표현이에요.

pick46

- ☑ **I know we are tight for time.** 시간이 촉박하다는 거 알아요.

    We **have a tight schedule**. 우리는 일정이 빡빡해요.
    We **are pressed for time** to complete the project.
    프로젝트를 끝내려면 일정이 빠듯해요.

- ☑ **Sorry for interrupting.** 방해해서 죄송합니다.

    Sorry to bother you. 방해해서 죄송합니다.
    Sorry to disturb you. 방해해서 죄송합니다.

- ☑ **Let's have a look at this chart.** 이 차트를 한번 봅시다.

    Let's have a look at the figures. 수치들을 한번 봅시다.
    Let's take a look at the pictures. 사진들을 한번 봅시다.

다음 우리말을 보고 영어로 말해 보세요.

1 시간이 촉박하다는 거 알아요.

2 방해해서 죄송합니다.

3 이 차트를 한번 봅시다.

▶ 정답은 Dialogue에

This graph shows that we achieved our goal.
이 도표는 우리가 목표를 달성했음을 보여줍니다.

프레젠테이션을 할 때 여러 사람의 관심과 이목을 집중시키려면 시각 자료의 적절한 활용이 중요해요. 이때 자주 활용되는 시각 자료로 bar graph, line graph, pie chart, table 등이 있어요.

각 시각 자료에 쓰이는 용어와, 그 자료를 설명할 때 쓰이는 표현을 알아야 완벽한 프레젠테이션이 가능하겠죠?

이번 장에서는 프레젠테이션 중 시각 자료를 소개하는 상황에서 쓸 수 있는 표현을 배워 볼게요!

Dialogue

dlg47

대화를 듣고 상황 속 표현을 익혀 보세요.

A   Let's turn to the next page. As you can see, [1]this graph shows that we achieved our goal. We have been able to cut costs by almost 20 percent this quarter.

B   [2]What do you think the largest contributing factor was?

A   As we saw in the previous slide, we saved a lot of money when we changed suppliers.

B   Are there any issues with the customer satisfaction rate?

A   Good point. [3]It's time to think about it.

A   다음 장으로 넘어갑시다. 보시다시피, 이 그래프는 우리가 목표를 달성했음을 보여줍니다. 우리는 이번 분기에 비용을 거의 20%나 절감할 수 있었습니다.
B   가장 크게 기여한 요인은 무엇이었다고 생각하나요?
A   이전 슬라이드에서 보셨듯이, 공급업체를 변경하면서 많은 비용을 절감했습니다.
B   고객 만족도 관련 이슈는 없나요?
A   좋은 지적이에요. 이제 그것에 대해 생각해 볼 때입니다.

achieve 달성하다   **quarter** 분기   **contributing factor** 기여 요인
customer satisfaction rate 고객 만족도

Today's CHIT CHAT

발표나 회의 중에 다른 주제로 넘어가고 싶거나 분위기를 반전시키고 싶을 때 사용할 수 있는 패턴으로, It's time to ~가 자주 쓰여요. '~에 대해 이야기할 때입니다'라는 뜻으로, It's time to talk about ~라고 한 후 새로운 주제를 꺼내면 되겠죠?

pick47

- ☑ **This graph shows that we achieved our goal.**
  이 그래프는 우리가 목표에 달성했음을 보여줍니다.

  This graph shows the average age of our customers.
  이 그래프는 우리 고객들의 평균 연령을 보여줍니다.

  This graph shows the total number of complaints received.
  이 그래프는 접수된 총 불만 건수를 보여줍니다.

- ☑ **What do you think the largest contributing factor was?**
  가장 크게 기여한 요인은 무엇이었다고 생각하나요?

  What do you think the most significant change is?
  가장 현저한 변화는 무엇이라고 생각하나요?

  What do you think the reason they chose you was?
  그들이 당신을 선택한 이유는 무엇이었다고 생각하나요?

- ☑ **It's time to think about it.** 이제 그것에 대해 생각해 볼 때입니다.

  It's time to talk about our position in this industry.
  이 업계에서 우리의 위치에 대해 논의할 때입니다.

  It's time to move on to a new topic. 이제 새로운 주제로 넘어갈 때입니다.

다음 우리말을 보고 영어로 말해 보세요.

1 이 그래프는 우리가 목표에 달성했음을 보여줍니다.

2 가장 크게 기여한 요인은 무엇이었다고 생각하나요?

3 이제 그것에 대해 생각해 볼 때입니다.

▶ 정답은 Dialogue에

DAY 48
I'd like to emphasize that the number of users is rising.
사용자 수가 증가하고 있음을 강조하고 싶습니다.

사람들 앞에서 프레젠테이션을 하고 있다고 가정해 봅시다. 이번 발표에서는 그래프를 설명해야 하는군요.

우선 사진에 보이는 것처럼 막대그래프에서 그래프 추이가 상승하고 있는지, 하향하고 있는지가 중요하겠네요. 발표의 핵심 주제와 연관이 깊을 테니까요.

이번 장에서는 그래프의 상승세 또는 하락세를 설명할 때 어떻게 표현해야 하는지 대화를 통해 배워 볼게요.

Dialogue

대화를 듣고 상황 속 표현을 익혀 보세요.

A First of all, ¹I'd like to emphasize that the number of users is rising.

B ²Is it due to the holiday membership sales in November?

A Most likely, but ³the users are much happier with our content compared with last year.

B How about subscription renewals?

A This graph shows that renewals are up about 15 percent from last month.

A 우선, 이용자 수가 증가하고 있음을 강조하고 싶습니다.
B 그건 11월에 있었던 휴일 회원권 판매 때문인가요?
A 그럴 가능성이 높지만, 이용자들이 작년에 비해 우리 콘텐츠에 더 만족하고 있습니다.
B 구독 갱신은 어때요?
A 이 그래프는 갱신이 지난달에서 약 15% 증가했음을 보여줍니다.

emphasize 강조하다　**compared with** ~와 비교하여　**subscription** 구독
renewal 갱신, 연장

Today's CHIT CHAT

프레젠테이션 시 효과적인 내용 전달을 위해, 본인이 강조하고자 하는 부분을 짚어주는 것도 발표의 스킬 중 하나인데요, 이때 쓸 수 있는 표현이 I'd like to emphasize that ~입니다. 다른 유사한 표현으로는 I'd like to highlight that ~이 있으니 같이 알아 두세요.

pick48

- **I'd like to emphasize that the number of users is rising.**
  이용자 수가 늘고 있다는 점을 강조하고 싶습니다.

  I'd like to emphasize that we should set up a new strategy.
  우리는 새로운 전략을 세워야 함을 강조하고 싶습니다.

  I'd like to emphasize the importance of communication skills.
  커뮤니케이션 스킬의 중요성을 강조하고 싶습니다.

- **Is it due to the holiday membership sales in November?**
  11월에 있었던 휴일 회원권 판매 때문인가요?

  Is it due to his mistake in the past? 과거에 그가 저지른 실수 때문인가요?

  Is it due to the quality of products? 제품의 품질 때문인가요?

- **The users are much happier with our content compared with last year.** 이용자들이 작년에 비해 우리 콘텐츠에 더 만족하고 있습니다.

  There has been a decline in sales **compared with** last month.
  지난 달에 비해 매출이 줄었습니다.

  It is a more challenging job **compared with** the last one.
  그것은 이전 직업에 비해 더 도전적인 일입니다.

다음 우리말을 보고 영어로 말해 보세요.

1 이용자 수가 늘고 있다는 점을 강조하고 싶습니다.

2 11월에 있었던 휴일 회원권 때문인가요?

3 이용자들이 작년에 비해 우리 콘텐츠에 더 만족하고 있습니다.

▶ 정답은 Dialogue에

DAY 49
Please pay attention to the figures below.
하단의 수치에 주목해 주시기 바랍니다.

프레젠테이션을 할 때 청중의 인원이 많을 경우 자칫하면 분위기가 어수선해질 수 있죠?

이럴 경우, 집중해야 할 부분에서 주목해 달라는 말로 주의를 환기한 다음 발표를 이어가는 것이 효과적인 내용 전달에 도움이 됩니다. 오늘 배울 표현, Please pay attention to ~처럼요.

이처럼 청중들의 관심과 이목을 집중시키고 싶을 때 어떤 표현을 쓰는지, 대화를 통해 배워 볼게요.

Dialogue

dlg49

대화를 듣고 상황 속 표현을 익혀 보세요.

A This quarter has been a challenging one for us, but I'm confident that we can improve our performance in the remaining quarters.
B What's our strategy going forward?
A [1]Our plan is to implement an aggressive marketing campaign in Asia.
B [2]Are you confident that it will help?
A Sure. [3]Please pay attention to the figures below. They show a clearer picture of our marketing strategy.

A 이번 분기는 우리에게 도전적이었지만, 남은 분기 동안 우리의 실적을 올릴 수 있을 거라 확신합니다.
B 앞으로 우리의 전략은 어떻게 되나요?
A 우리의 계획은 아시아 지역에서 공격적인 마케팅을 펼치는 것입니다.
B 그게 도움이 될 거라고 확신하시나요?
A 물론입니다. 하단의 수치에 주목해 주시기 바랍니다. 그것은 우리의 마케팅 전략을 더 명확하게 보여주고 있습니다.

challenging 도전적인, 힘든 **confident** 확신하는 **performance** 실적, 성과
implement 시행하다 **aggressive** 공격적인 **pay attention to** ~에 주목하다

Today's CHIT CHAT

오늘의 표현인 pay attention to와 유사 표현으로 draw attention to가 있어요. pay attention to는 '~에 주목하다', draw attention to는 '남의 시선을 끌다'는 뜻으로, 의미와 행동의 주체가 달라요. Pay attention to me. 저에게 집중하세요. vs. I don't want to draw attention to myself. 나에게 이목을 끌고 싶지 않아요. (후자는 '아싸(outsider)'의 느낌이 나네요.) 의미 차이가 이제 확실히 보이죠?

pick49

- **Our plan is to implement an aggressive marketing campaign.** 우리의 계획은 공격적인 마케팅을 펼치는 것입니다.

  Our plan is to reduce costs in several areas.
  우리의 계획은 몇몇 지역에서 비용을 줄이는 것입니다.

  Our plan is to hire more employees over the next year.
  우리의 계획은 내년까지 더 많은 직원을 고용하는 것입니다.

- **Are you confident that it will help?**
  그게 도움이 될 거라고 확신하시나요?

  Are you confident that we can meet the deadline?
  우리가 마감 일정을 지킬 수 있다고 확신해요?

  Are you confident that they will keep it a secret?
  그들이 그걸 비밀로 할 거라고 확신해요?

- **Please pay attention to the figures below.**
  하단의 수치에 주목해 주시기 바랍니다.

  Please **pay attention to** what I'm saying. 제가 하는 말에 주목해 주세요.
  You need to **pay attention to** the results of the survey.
  설문조사 결과에 주목하셔야 합니다.

다음 우리말을 보고 영어로 말해 보세요.

1 우리의 계획은 공격적인 마케팅을 펼치는 것입니다.

2 그게 도움이 될 거라고 확신하시나요?

3 하단의 수치에 주목해 주시기 바랍니다.

▶ 정답은 Dialogue에

DAY 50
Let me sum up what I've said so far.
지금까지 말씀드린 것을 요약해 드리겠습니다.

발표가 마무리되어 가는 단계에 들어섰을 때 앞에서 다룬 내용을 요약해서 다시 한번 정리해 주는 것이 최고의 프레젠테이션 스킬 중 하나입니다. 또는 내가 설명한 내용을 상대방이 이해하지 못했을 때도 다시 한번 정리해서 언급해 주는 게 좋겠죠?

이때 사용할 수 있는 표현으로 Let me sum up ~ 또는 Let me summarize ~, To summarize, In short 등이 있어요.

이번 장에서는 이처럼 프레젠테이션을 마무리하는 단계에서 쓸 수 있는 표현을 배워 볼게요.

 **Dialogue**
dlg50

대화를 듣고 상황 속 표현을 익혀 보세요.

A As you can see, [1]energy consumption is increasing year over year.
B I'm sorry, but I didn't catch what you said.
A Okay. Now [2]let me sum up what I've said so far. Nowadays, the average household owns almost three times more electronics than it did 10 years ago, so energy consumption is growing steadily.
B I see. So what is our strategy going forward?
A [3]That's what we need to discuss next.

A 보시다시피, 에너지 소비가 해마다 증가하고 있습니다.
B 죄송합니다만 못 알아들었습니다.
A 네. 이제 지금까지 말씀드린 것을 요약해 드리겠습니다. 요즘 일반 가정은 10년 전보다 거의 3배나 더 많은 전자제품을 갖고 있고, 그래서 에너지 소비가 꾸준히 늘고 있습니다.
B 그렇군요. 그래서 우리의 향후 전략은 어떻게 되나요?
A 그게 우리가 다음으로 논의해야 할 사안입니다.

energy consumption 에너지 소비 **year over year** 매년 **sum up** 요약하다
average household 평균 가계, 일반 가정 **electronics** 전자제품 **steadily** 점차

Today's CHIT CHAT

그래프 등의 시각 자료를 설명할 때 상승세, 하락세 등의 오르내림을 설명할 일이 반드시 생기죠. 이때 사용할 수 있는 표현을 더 알아볼게요. 상승을 설명할 때는 rise, increase, jump, grow, go up, soar 등이 쓰이고, 하락을 설명할 때는 fall, drop, decline, decrease, go down 등이 쓰입니다. 참고로, '최고치/최저치를 기록하다'는 표현으로 hit a record high/low를 쓸 수 있어요.

pick50

- **Energy consumption is increasing year over year.**
  에너지 소비가 해마다 증가하고 있습니다.

  The unemployment rate **is increasing** rapidly.
  실업률이 빠르게 증가하고 있습니다.

  Our productivity **has increased** by 35 percent.
  저희 생산성이 35% 증가했습니다.

- **Let me sum up what I've said so far.**
  지금까지 말씀드린 것을 요약해 드리겠습니다.

  Let me sum up what we've covered so far.
  지금까지 다룬 것을 요약하겠습니다.

  Let me sum up what happened last week.
  지난 주에 일어난 일을 요약하겠습니다.

- **That's what we need to discuss next.**
  그게 우리가 다음으로 논의해야 할 사안입니다.

  That's what I'm going to do. 그게 제가 하려던 거예요.
  That's what I'm concerned about. 그게 제가 염려하는 거예요.

다음 우리말을 보고 영어로 말해 보세요.

1 에너지 소비가 해마다 증가하고 있습니다.

2 지금까지 말씀드린 것을 요약해 드리겠습니다.

3 그게 우리가 다음으로 논의해야 할 사안입니다.

▶ 정답은 Dialogue에

Chapter 10 Review

STEP 1 앞에서 배운 문장을 말해 보세요.

01 시간이 촉박하다는 거 알아요.

02 방해해서 미안해요.

03 이 차트를 한번 봅시다.

04 이 그래프는 우리가 목표를 달성했음을 보여줍니다.

05 이제 그것에 대해 생각해 볼 때입니다.

06 이용자 수가 늘고 있다는 점을 강조하고 싶습니다.

07 우리의 계획은 공격적 마케팅을 펼치는 것입니다.

08 하단의 수치에 주목해 주시기 바랍니다.

09 에너지 소비가 해마다 증가하고 있습니다.

10 지금까지 말씀드린 것을 요약해 드리겠습니다.

STEP 2 왼쪽 페이지의 문장을 영어로 완성하세요.

01 I know we are _____ for _____.

02 Sorry for _____.

03 Let's _____ a _____ at this chart.

04 This graph shows that we _____ our _____.

05 It's _____ _____ think about it.

06 I'd like to emphasize that the number of users _____ _____.

07 _____ _____ is to implement an aggressive marketing campaign.

08 Please _____ _____ to the figures below.

09 Energy consumption _____ _____ year over year.

10 Let me _____ _____ what I've said so far.

>> **01** tight, time **02** interrupting **03** have, look **04** achieved, goal **05** time to
06 is rising **07** Our plan **08** pay attention **09** is increasing **10** sum up

Memo

Memo

https://books.english.co.kr